一代冬皇孟小冬

少年时的杜月笙（右一）

年轻时的杜月笙

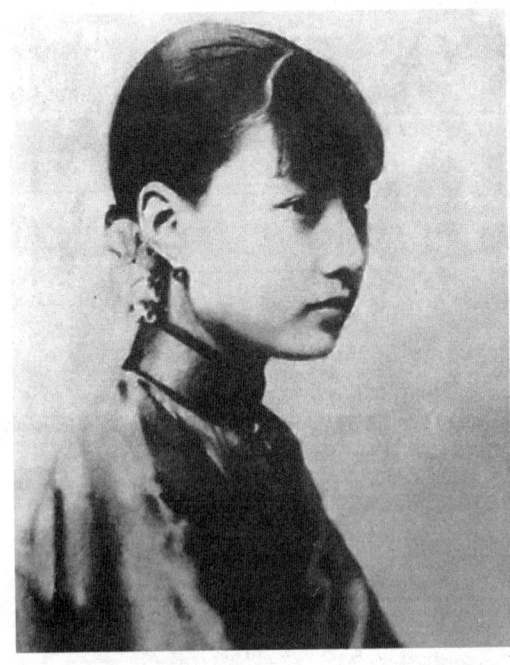

年轻时的孟小冬

孟小冬生活照

孟小冬剧照

着男装的孟小冬

梅兰芳与孟小冬

民国上海黑帮老大三巨头合影（杜月笙、张啸林、黄金荣）

杜月笙与孟小冬在上海

杜月笙与孟小冬在香港

1950 年，杜月笙与孟小冬的结婚照

晚年时的杜月笙

晚年时的孟小冬

孟小冬（后中）与杜月笙的家人合影

孟小冬与张大千——孟小冬的最后一次清唱就是在香港给张大千唱的

民国爱情传奇

乱世绝唱

杜月笙与孟小冬

戴立辉／著

山西出版传媒集团
北岳文艺出版社
BEIYUE LITERATURE & ART PUBLISHING HOUSE

图书在版编目(CIP)数据

乱世绝唱:杜月笙与孟小冬 / 戴立辉著 . — 太原:
北岳文艺出版社,2015.7(2020.10重印)
（民国爱情传奇）
ISBN 978-7-5378-4512-0

Ⅰ.①乱… Ⅱ.①戴… Ⅲ.①杜月笙（1888～1951）
–生平事迹②孟小冬（1907～1977）–生平事迹
Ⅳ.① K828.9② K825.78

中国版本图书馆 CIP 数据核字（2015）第 175384 号

书　　名	乱世绝唱 : 杜月笙与孟小冬	
著　　者	戴立辉	
责任编辑	张　丽	
设计制作	鸿儒文轩	
出版发行	山西出版传媒集团·北岳文艺出版社	
地　　址	山西省太原市并州南路 57 号	
邮　　编	030012	
电　　话	0351-5628696（太原发行部）	
	010-57427866（北京发行部）	
	0351-5628688（总编室）	
传　　真	0351-5628680	
网　　址	http://www.bywy.com	
E-mail	bywycbs@163.com	
印刷装订	三河市华东印刷有限公司	
开　　本	787×1092　1/16	
字　　数	180 千字	
印　　张	13.5	
版　　次	2015 年 7 月第 1 版	
印　　次	2020 年 10 月河北第 2 次印刷	
书　　号	ISBN 978-7-5378-4512-0	
定　　价	28.00 元	

前言

　　2012 年，距 1980 年拍《上海滩》三十二年后，五十六岁的周润发在电影《大上海》中又演了一次许文强，只不过这次饰演的角色改名为成大器。据说有人问发哥，《大上海》里的成大器和《上海滩》里的许文强，这两个角色都让观众难以忘怀，他们之间有什么区别？发哥想了想，很淡定地说："许文强是个大学生，成大器是个大流氓。"

　　一个是大学生，一个是大流氓，差别如此大的两个角色，怎么会牵扯到一起比较呢？原来，这两个角色的背后，都和上海滩的一个响当当的历史人物有关，许文强身上有他的影子，成大器身上更有他的故事。这个人物是谁？杜月笙！

　　杜月笙，20 世纪上半叶上海滩最富传奇色彩的人物，被称为中国三百年来黑帮第一人。从早年穷困潦倒的小瘪三到成为上海滩的青帮大佬，从打打杀杀的黑道老大到振臂一呼应者云集的抗日地方领袖，从腰缠万贯的上海闻人到落魄的香港寓公，杜月笙的一生可谓跌宕起伏，亦可谓造化弄人，有说不完道不尽的传奇故事，所以被后人屡屡搬上荧幕。其中，他与梨园冬皇孟小冬之间的婚恋故事，更是一部爱情传奇大戏，值得观瞻。

孟小冬是坤伶须生泰斗，被誉为梨园冬皇；杜月笙是大亨，被称为铁杆戏迷。所以，他们之间的认识就缘于舞台。那一年，十二岁的孟小冬在上海共舞台演出，受到热烈欢迎。她在共舞台三十一天里连演三十九场、二十三出戏，越演越红，引起了杜月笙的注意。一看之后，他大为惊叹，特地备下花篮赶到后台向孟小冬殷勤致意。

时隔六年，杜月笙与孟小冬又一次见面。这一次是因为上海大亨黄金荣和名伶露兰春之间的爱恨情仇，他受命前往北京，特意找上门的。六年过去，昔日的小童星变成了名动京津的大明星。更可喜的是，昔日的小姑娘变成了风华绝代的大美人。见面时，他不讲露兰春的事，却讲了很多很多夸奖和赞美小冬的话，心中生出许多说不出道不明的滋味。有人说，那就是男人对女人的爱。

只可惜，这个时候的孟小冬正与梅兰芳热恋着，自然不会把他的殷勤放在心上。试想想，长着两只招风耳的帮会大马仔，怎能与丰神俊朗的民国美男子相比呢？如果时间定格在梅孟新婚宴尔之际，或许这对金童玉女般的组合就只有美好，而没有痛苦。只可惜，舞台上的夫妻是假的，可以不顾其他；生活中的夫妻是真的，必须面对实实在在的世俗生活。

没想到四年过去，情随事迁，被赞为人间绝配的梅孟婚恋竟然走上绝地，而且闹到寻死觅活的地步。一番死去活来的婚姻保卫战之后，孟小冬成为不幸的失败者，成为梅大师的弃妇。

　　"我今后要么不唱戏，再唱不会比你差；今后要么不嫁人，再嫁也绝对不会比你差。"孟小冬用这番泣血誓言，结束了曾经你侬我侬的梅孟婚恋，让它成为过往。虽然这番话说得很硬气，可与梅兰芳的分手，却严重摧毁了冬皇的身心健康。

　　就在孟小冬备受打击的时候，杜月笙适时地介入她的生活，帮她干净利落地处理好她与梅兰芳的最后纠纷。在他的帮助下，更在自己的醒悟下，孟小冬终于慢慢地走出婚姻失败的阴影，开始融入新生活。

　　在孟小冬的身上，杜月笙看到了一个女人的真正魅力，更折服于小冬的艺术天赋和艺术才华；在杜月笙的身上，孟小冬看到了她所扮演的一切舞台形象所具有的戏剧元素，感受到了上海"皇帝"、三百年来帮会第一人的独特魅力。从此，两个人相聚虽然极少，但心中牵挂彼此极多。特别是杜月笙，即便在战火纷飞的岁月，他也时时惦记着她，关切着她。

　　上海沦陷后，杜月笙带着家人避难香港，孟小冬则回北平避居。在杜月笙的暗中资助下，冬皇师从京剧大师余叔岩，开始了长达五年的学艺之路。北平的夏夜，酷暑炎炎，蚊蝇成群；北平的冬夜，寒气逼人，呵气成霜。五年来，这位刚烈女子，忘却自己的冬皇虚名，忘却曾经的前尘往事，只虔诚地立雪余门，潜心学艺。

　　1945年夏，在香港和重庆避难从事抗日工作的杜月笙回到了上海，余门立雪五年又心丧三年的孟小冬也来到了上海。八年的等待，八年的分割，他们又相聚在一起。因为病痛的折磨，杜月笙衰老了许多；因为岁月的打磨，孟小冬也不再年轻。可彼此的心，因为爱恋，似乎回到了年轻时代。

　　两年后，一身绝艺的孟小冬应邀参加杜月笙的六十大寿庆典演出，一出《搜孤救孤》征服了成千上万的观众，传为绝唱。此时，冬皇可谓是实至名归，中国京剧首席女老生的地位非她莫属。令人叹惋的是，这次演出竟成了后会无期的广陵绝唱。从此，孟小冬永远告别粉墨，不再登上舞台。冥冥中，她潜心学艺五年，就是奔这次祝寿赈灾义演而来。

悲莫悲兮伤别离！就在无数人为之惋惜的时候，杜月笙却万分理解，只伤心小冬的再次别离。这么多年的等待，彼此相恋的两个人，依然只能选择分离，这是多么让人伤心的事啊！如果不是三个月之后的北平战事，这种分离，不知道还要延续多久？

回北平还不到三个月，战事又起。因为担心小冬的安危，杜月笙硬是租了架飞机，派专人冒着炮火把她从北平接到上海。当"冬皇"赶到上海的时候，他又拖着病体，亲自在机场口迎接。而这个时候，大亨的第三子杜维屏已被蒋经国逮捕，面临牢狱之灾。

昔日的黑道大亨，把万般关切化为一腔柔情。本想和她长相厮守不再分离，本想给她稳定幸福的生活，本想给她……没想到形势剧变，半年不到，他又不得不让她跟着一起逃离上海，避居香港。其实，她可以不去，她不是他的什么人，她在北平还有老母亲，她也还恋着那片生她育她的热土。但是，她去了，就是因为他。

从上海到香港，从青帮大亨到香港寓公，从挥金如土到千金散尽，这种巨大的落差，对杜月笙造成了极大的精神打击。因抗战而留下的哮喘病更趋严重，到香港后，他更是废人一个。风烛残年的他，一直是由"冬皇"照顾。他只想她服侍，她也心甘情愿，毫无怨言。

一个卧病在床，一个侍奉汤药，英雄末路，美人迟暮，是这个时候的上海"皇帝"和梨园"冬皇"的最好写照。但是，杜月笙、孟小

冬的内心是幸福着的，因为他们在承受痛苦的同时也在享受爱情。

当年被认定"人服侍"的傲岸孟小冬，一旦遇上她生命中真正情之所钟的对象，便甘心情愿地散尽积攒了一生的柔情。从上海到香港，从繁华到衰败，她不离不弃，素衣侍疾，把全部心血都用在"服侍人"身上。因为，她发现，只有他——用邪气、霸气横扫上海滩数十年的杜月笙，才是长久以来待她最温柔的一个。

1950 深秋的一天，香港杜公馆张灯结彩，高朋满座。坐在轮椅上的杜月笙和孟小冬举行婚宴，向世人宣告：他，杜月笙；她，孟小冬，正式结为夫妻。这一年，杜月笙六十三岁，孟小冬四十三岁，距离他们相识的那一年，整整过去了三十年。

只因为在台下多看了你一眼，便再也忘记不了你的容颜。这种不能忘记，不只是常挂在口头上，更体现在行动上。三十年来，杜月笙就像一只痴情的鸟儿，不管天南地北，不管战火纷飞，总是为"冬皇"唱着情歌，筑着爱巢。这是怎样的一种刻骨铭心的爱啊？不因所爱之人的他嫁，不因所爱之人的朱颜改，不因世事变化人事变迁，始终如一。试问，这样的爱情，亘古以来，又有几个男人能够如此？

或许，有人质疑说，杜月笙就是一帮会头子，也配有爱情？其实，杜月笙不只是帮会头子，他还是一个有情有义、有血有肉的真男人！他也有自己的爱与恨，善与恶，向往与追求，磊落与卑劣。特殊的时代与特殊的个性相结合，创造出了一个特殊的历史人物。在他的身上，有江湖义气，有帮会意气，有民族大义，有恻隐之心，有羞恶之心，有是非之心……总而言之，他不是一个单一的人，而是一个五味杂陈、性格复杂的历史人物。

在民国那样的复杂时代，偌大中国都无法左右自己的前途走向，作为国民的杜月笙，又如何能时时刻刻掌控好自己的言行和命运？但是，在大是大非上，他始终坚持了做人的基本原则，经得起历史的拷问。对爱人有情，对国家有义，能做到这样两点的男人，夫复何求！

"女人花摇曳在红尘中，女人花随风轻轻摆动，只盼有一双温柔手，能抚慰我内心的寂寞。我有花一朵，长在我心里，真情真爱无人懂。遍地的野草，已占满了山坡，孤芳自赏最心痛。女人花摇曳在红尘中，女人花随风轻轻摆动，若是你闻过了花香浓，别问我花儿为谁红。"梅艳芳，被誉为"香港的女儿"，有着"冬皇"一样的惊世才貌。她将自己的心路历程、千愁万绪，用凄婉的歌声，唱出了女人的心声，更唱出了作为乱世女人的"冬皇"的心声。作为"冬皇"的孟小冬，她孤傲，她清纯，她痴情，她任性，她依赖，她独立，她好强，她颓废……可是，无论她怎样，她始终是女人花，需要阳光，需要雨露，需要春风。在遭遇风霜雪雨的时候，她更需要细心培育，贴心呵护。否则，她就会凋落，她就会毁灭。

遇上梅兰芳，这是孟小冬的劫数，女人花凋落；遇上杜月笙，这是孟小冬的幸运，女人花怒放。可以这么说，当孟小冬遭遇人生最低谷的时候，正是因为有杜月笙的细心呵护，因为有杜月笙的真切关怀，她才能冲破阴霾，回归自我。如果没有他，作为"冬皇"的孟小冬就很有可能销声匿迹，不复存在。

或许，杜月笙与孟小冬的婚恋，没有才子佳人般的缠绵，没有风花雪月般的浪漫。但是，人世间所有爱情故事里能真正打动人的东西，他们的爱情故事里一样不缺，值得你我好好咀嚼品味。

目录 \ *contents*
乱世绝唱：杜月笙与孟小冬

第 一 卷

等你长发齐腰

　　应该是真入戏了！拍完电影《梅兰芳》，章子怡就生出这样一个梦想——拍电影版《孟小冬》。面对媒体，影后深情地说，小冬的身上有太多的意外，没有哪个女人的人生传奇如她。

　　遗憾的是，章子怡的梦想只怕会落空。虽然，梅家后代对她扮演的孟小冬很是认可，因为这个角色很好地陪衬了作为完美男人而存在的主角：京剧大师梅兰芳，但是，他们又同时表态说至少五十年内不再授权拍梅兰芳生平题材的电影。拍《孟小冬》，要想真实地再现这个传奇女人的一生，必然离不开梅兰芳。所以，章子怡的梦想自然排在不允之列。对这种不允的原因，影迷们作了无数种猜测，其中一条就是梅大爷做了一辈子的主角，今儿个怎能为一个小女子做配角？

　　章子怡的梦想是不是因为这个原因生生破灭，人们不得而知。可是，人们可以看到的是，就是因为这样一个角色的安排，生生地夺走了孟小冬一生的爱情和幸福。

　　真正的爱情，不能一方是主角，一方是配角，而应该双方都是主角。正如舒婷用诗歌吟诵的那样："我必须是你近旁的一株木棉，作为树的形象和你站在一起。"也就是说，如果你爱一个人，不仅爱他的人，还应该爱他的事业，爱他的理想，爱他的追求。在这场风花雪月中，孟小冬做到了，可是，梅兰芳做到了吗?

在电影版《梅兰芳》中，人们看到的是孟小冬与梅兰芳之间的那种让人怦然心动的爱情，而不知这段缠绵爱情背后的凄楚与悲凉。如果一个人有先知先觉，说不定，孟小冬不会让这段毁掉她一生幸福的所谓爱情有开始。

而反过来，在孟小冬的爱情世界里，杜月笙，一个声誉不是很好的黑道大亨，却扮演了爱她、怜她、惜她的痴情男人形象。不管地老天荒，不管风霜雨雪，不管连天烽火，为她一生等候! 可以说，在与孟小冬的情缘上，杜月笙确确实实扮演着痴情男人的角色。既然电影无法期待，那就让我们用文字来咀嚼孟小冬、梅兰芳、杜月笙在上个世纪共同演绎的这场爱恨情仇的传奇大餐吧!

走近孟小冬

这场爱情传奇，得从一个叫杜月笙的上海大亨讲起。杜月笙，20世纪上半叶上海滩最富传奇色彩的人物，被称为中国三百年来黑帮第一人。他第一次真正走近孟小冬，是缘于他的结拜大哥黄金荣和名伶露兰春的失败婚姻。那个时候，黄金荣是上海青帮总头目、法租界总探长，是上海滩响当当的人物。为了这个露兰春，年过半百的他可以说付出了相当大的代价。

为了捧红她，黄金荣不惜花大量人力物力，当然还有精力；为了保护她，他敢于得罪大军阀的儿子何筱嘉，差点因此丢了性命；为了迎娶她，他狠心把和他一起打天下的发妻林桂生逼出了家门。按理来说，露兰春应该心满意足死心塌地地跟着大亨黄金荣，甜蜜蜜地过她的小日子。可是，婚后第三年，也就是在1923年5月，她却和一个叫薛恒的男人私奔了。

这样的丑事，就是小男人也不能忍受，更何况是大流氓头子黄金荣？当然，如果想解恨，黄金荣根本不用自己动手，只需吩咐下去，就可以让露兰春和薛恒死得很难看。可是，他没有这样做，而是履行法定手续，在离婚协议书上签字，结束了这段婚姻。由此可见，即便是流氓，也有真爱情。

因为这个打击，黄金荣颓废了许多，再也没了昔日的黑帮老大雄风。但在内心深处，他还是念念不忘露兰春，时不时想起她那风情万种仪态万方的模样。1925 年 5 月的一天，他忽地想起了她，便要杜月笙去北京，看能不能把她接回来，再续前缘。临行的时候，他叮嘱杜月笙，到了北京可先找孟小冬。

听到孟小冬这个名字，杜月笙心中生出一股莫名的情绪，头脑里浮现出一幅画面。

六年前，他还只是黄金荣的一个跟班。冬日的一个上午，他陪黄老板去共舞台剧院看京剧。十二岁的孟小冬饰演压轴戏《击鼓骂曹》中的祢衡，她的扮相很好，唱腔也有功底，听不出任何雌音。当她唱到"纵然将我的头割下，落一个骂曹的名扬天下"这段时，观众们大声喝彩，报以热烈的掌声。才十二岁，就唱得这么好，戏迷们能不给予肯定？

杜月笙走上黑道之后，渐渐地爱上了皮黄（京剧），和现在很多人在 KTV 里一展歌喉吸引众人眼球有同样的心理。见台上的孟小冬唱功、扮相都不错，他便有心结交。一落幕，他马上命手下人备好花篮，迫不及待地赶到后台的化妆室。

其实，这个时候的杜月笙已经三十二岁，是个有家室的大男人了，按理来说不应该在一个小姑娘面前有失态的举动。可是，那天，不知什么原因，他还是失了态。因为，作为一个黑老大，他居然走过去双手抱拳，念着韵白，还鞠了一躬，用地道的上海话唱喏道："孟姑娘，阿拉杜月笙这厢有礼了！"

孟小冬还是个小姑娘，见杜月笙那副正经样子，不由咯咯咯咯地笑了起来。听到笑声，打打杀杀惯了的杜月笙居然生出几分拘谨，讪讪地不知说什么好，急忙拿过手下手中的花篮，递了过去。

孟小冬接过花篮，微笑着还了个礼。这样的粉丝，她见过不少，见惯不怪了。当时的她绝对没有想到，这个长着一对招风耳的大男人，竟然会和她有段剪不断理还乱的姻缘，直至和她走进婚姻殿堂，结为真正的夫妻。

作为货真价实的票友和戏迷，杜月笙对京剧很有研究。他发现孟小冬天生是个唱戏的料，戏路很宽，生旦净末丑都能唱，而且都是角。不过，这样的全能型对孟小冬的发展却是个阻碍。伤其十指不如断其一指，深知江湖奥秘的他认为孟小冬若想在京剧舞台占有一席之地，就得专攻老须生，唱反串儿。

这样一番交流之后，杜月笙就告辞了。不过，从那以后，他就成了孟小冬的超级戏迷，只要有时间便会去看。他认定，只要假以时日，这个小女孩定能成为大腕级的梨园人物。只可惜，那个时候的他，还只是一个小角色，不能给她足够的发展空间。

一年后，孟小冬离开上海到其他城市发展去了。不过，她记住了杜月笙的忠告：专攻老须生。几年过去，她已经磨练成坤角中响当当的须生，可与当时著名的男伶叫板。1925 年上半年，孟小冬回北京演出，以一出《四郎探母》首演告捷，一炮走红，名震京城。因为在北京有了立足之地，她干脆租下一套大四合院，接来家人和她一起居住。

其实，露兰春当时并不在北京，而是躲在天津，这事还是杜月笙一手安排的。露兰春与薛恒本是一路人，在一起生活得倒也美满，这个时候去找她，会有结果？杜月笙本想告诉黄老板真相，可一想到种种不妥，还可以借机去见见已经红得发紫的孟小冬，也就没挑明了。

那么，这个孟小冬和露兰春又是什么关系？原来啊，当年孟小冬和露兰春在共舞台同台演出过多次，有师徒情谊。甚至有人说，她们之间的关系好得像闺蜜一样，无话不谈。当初，为了把露兰春弄到手，黄金荣自然把这些关系打探得清清楚楚。只是他没有想到，杜月笙也很清楚孟小冬与露兰春之间的关系。

杜月笙带着两个信得过的手下去了北京。没孟小冬的具体住址，偌大的北京城，到哪里去找她啊？不过，杜月笙有法子，他买来一份报纸，一查就知晓孟小冬正在开明戏院演出。

好不容易买好票，晚上，杜月笙带着两个手下进了开明戏院。一进戏院，看到黑压压的人头，他知道今日的孟小冬并非在上海时的孟小冬了。果然，和她同台演出的是梅兰芳、余叔岩等京剧名家，可以说是场场卖座，叫好声一片。

看完演出，杜月笙没有直接去找孟小冬，而是乘着黄包车，偷偷地跟在她乘坐的黄包车后，找到了她的住处——东四牌楼三条。晚上看戏，然后跟踪，就这样，带着两个手下，杜月笙在北京城过了十多天。

戏看足了，事情也摸清楚了，杜月笙找了个日子，先去王府井大街上弄了个发型。然后，他回到住处，脱掉长衫，换上一套灰色西装，系上领带，穿一双白色尖头皮鞋。乍一看，还真有几分斯文模样。对着镜子，他自我欣赏了一番，感觉颇满意。

然后，杜月笙坐着黄包车，来到孟小冬的住处，递上名帖。这个时候的杜月笙，已经是黄金荣的左右手，和他平起平坐。他创办的三鑫公司垄断了上海法租界的毒品交易，青帮上下对他恭敬有加，不敢有半分违拗。在声势浩大的五卅运动中，他作为公认的社会领袖，积极支持工人运动，维护华人权益，迫使嚣张的日本人让步。借着如日中天的声望，他成功担任上海法租界商会总联合会主席兼法租界纳税华人会总监。

见到这张名帖，孟家人自然不敢怠慢。孟小冬的父亲孟五爷和师父仇月祥急忙来到门口迎接，孟小冬自己也站在西厢房外的台阶恭候。

近距离见到孟小冬，杜月笙眼睛顿时一亮。女大十八变，这句话在她的身上得到了完完全全的体现！杜月笙没读过书，自然无法用贴切的语言描述孟小冬的美貌。不过，孟小冬到底美到什么程度，我们可以通过一个记载加以了解。袁世凯的女婿、著名剧评人薛观澜曾将孟小冬的姿色与清末民初的雪艳琴、陆素娟、露兰春等十位以美貌著称的坤伶相比，结论是"无一人能及孟小冬"。由此可见，孟小冬的美貌非同一般。

有貌有才的待嫁姑娘，哪个男人不动心呢？带着惊喜，杜月笙被主人热情地迎进客厅。说什么好呢？一坐下，杜月笙就乱了分寸，把事先

准备好的话忘了个干净。见孟五爷病恹恹的样子，他灵机一动，便借口说在北京办事，受黄老板之托，顺便来问候他的病情。

就这样，杜月笙和孟五爷聊起了家常。聊着聊着，杜月笙把话题引到了孟小冬的身上。这个话题，才是他想要聊的话题，而且他也有话可说。于是，他谈了自己对京剧的一些认识，还谈了当前京剧的发展态势。特别是孟小冬的舞台扮相和唱功，他更是好好地夸了一番。那些恭维话，把孟小冬捧上了天，听得她有些不好意思起来。

不过，小冬很乐意听。得到有头有脸的男人表扬，哪个女孩子不愿意听？就在这个时候，一个男人前来拜访，中断了他们的交谈。

这个男人是谁呢？伶界大王梅兰芳，这个时候的他，三十出头，被誉为民国四大美男子之一（民国四大美男子：梅兰芳、周恩来、汪精卫、张学良），可谓器宇轩昂，丰神飘逸，非一般男人可比。同样是三十多岁的杜月笙站在一旁，两相比较自然有天壤之别。

唯一采访过杜月笙的外国记者休斯女士曾这样评价他："一副十足的令人作呕的烟鬼形象！"杜月笙肯定没梅兰芳英俊潇洒，但也不至于丑到这样。外国女人看中国男人，标准就是不一样！在我们中国，男人有腔调，女人有品位，并不在外表，而在于内心。在十里洋场摸爬滚打出来的杜月笙绝对是一个内心十分强大的男人，他曾经为了自己的生意，派人在宋子文家的门口放过两枚炸弹，在孔祥熙的门口摆过一口棺材。甚至，他还在1928年的时候，绑架过宋美龄，原因只是由于宋美龄没交保护费。以杜月笙当时的势力，看中了哪个女人，不管她愿不愿意，完全可以把她抢来。不过，他没有对孟小冬下手，其中的原因自然很复杂。但有一点可以表明，杜月笙对孟小冬的态度很不一般。

这一次，借找露兰春的机会，杜月笙近距离接触了心仪已久的孟小冬。才貌双全、高雅大方的她留给他极为深刻的印象，在内心深处，他暗暗萌生了一个想一辈子守护她的愿望。只可惜，这个时候的孟小冬已经心有所属，也就无暇顾及他的殷勤了。

游龙真戏凤

随着时间的推移，梅孟之恋的传闻越传越厉害。1926 年下半年的一天，时任北洋政府财政总长的王克敏为庆贺自己五十大寿，举行堂会。这天，宾客如云，名伶云集。名震京津的当红须生孟小冬和举世闻名的青衣花旦梅兰芳二人，自然是被邀请之列。

宴席中，大伙正商量着晚宴后的戏码，座中有人提议，说应该让孟小冬和梅兰芳合演一出《游龙戏凤》。一个是须生之皇，一个是旦角之王，他们合演会是什么味道？马上，大伙报以大笑，都说提议不错。见大伙热情高，梅兰芳和孟小冬也没拒绝，洗脸化妆，粉墨登场。

演出中，孟小冬扮演不务正业的正德皇帝，梅兰芳扮演貌美风骚的李凤姐。一个是比男人更男人的女人，一个是比女人更女人的男人，本身阴阳颠倒，又在戏里面打情骂俏眉来眼去，甚至勾勾搭搭动手动脚，怎不引起轰动？于是，梅兰芳和孟小冬的戏迷疯狂了。

借着这股东风，梅党中坚分子、文人齐如山当场对冯耿光说："这确实是天生一对、地设一双，成人之美，亦生平一乐，六爷若肯做点好事，何妨把他们凑成一段美满婚姻，也是人间佳话。"而这个情节，在电影版《梅兰芳》中恰恰相反，说成了"邱如白"千方百计阻挠梅孟两人的感情，实在是冤枉了他的原型齐如山。

另一位梅党成员李释戡也积极撮合，说："从经济效益角度考虑，如果梅孟一旦结合，婚后出台合作演出一些生旦戏，肯定会有广阔的市场。"在这里，请读者留心一下，李释戡撮合梅孟，是以两人合作演戏赚钱为前提的。

在这些好事者的极力撮合下，梅党们竟然把梅兰芳和孟小冬的婚姻提上了议事日程。因为多次合作，梅兰芳与孟小冬也日久生情，相互爱慕，没有表示反对。确确实实，一个是事业有成的美男子，一个是风华绝代的俏佳人，两个人志趣相同又如此匹配，走进婚姻殿堂，在当时那样的时代似乎是理所应当、水到渠成的事。可是，事情并不是这么简单。首先是孟父孟母反对，不愿意自己的闺女嫁到梅家做小。其次是孟小冬自己有顾虑，担心嫁入梅家没地位，受前面的两房夫人排挤。

这个时候的梅兰芳已经有两位夫人，正室夫人叫王明华，1910年迎娶的；侧室夫人叫福芝芳，1921年迎娶的。

王明华貌美能干，为人持重，居家勤俭，是贤妻中的典范。婚后，夫妻两个十分恩爱，先后育有一子一女。在王明华的操持下，梅兰芳的家庭幸福美满，事业也蒸蒸日上。然而，不幸降临，一场麻疹病先后夺走了他们一双儿女的性命。儿女的夭折，击倒了本就有病的王明华。从此，她长期卧病在床。

1920年的一天，在一次堂会上，梅兰芳认识了一个叫福芝芳的姑娘。他感觉这个姑娘很大气，为人直爽，知书达理，相貌也不赖。后来一打听，这个小女孩还是他的启蒙老师吴菱仙的女弟子，他更生好感，想娶她为妻。

于是，在吴菱仙的安排下，他们两个又见了一面。梅兰芳文静帅气，有一定的事业基础，自然称福芝芳的意。不料，福芝芳的母亲提出反对意见，说她家虽穷，但她的女儿绝不做别人的姨太太。梅家做福芝芳母亲的工作，说梅兰芳的伯父没有儿子，他肩挑两房的责任，福芝芳嫁过来后与原配夫人王明华一样的地位。得到这样的承诺后，福芝芳的母亲才勉强同意这门婚事。

王明华明白事理，理解梅兰芳对梅家传承香火的责任，同意他明媒正娶福芝芳。于是，在1921年的冬天，梅兰芳正式迎娶十六岁的福芝芳。成亲后，福芝芳不再登台演戏，一心一意相夫教子。

可以说，在事业方面的帮助，福芝芳的作用比王明华更大。闲时，她陪梅兰芳看书、作画、修改整理剧本；演出时，她不辞辛苦，跟在梅兰芳身旁，为他协调关系。嫁入梅家后，梅兰芳的大小事情，都有她的身影，俨然是梅家的当家人。试问，这样一个强悍的女子，如何容得下别的女人分享她深爱着的夫君？

所以，梅兰芳与孟小冬的结合，从一开始，就注定要遭到一个人的最强烈反对。

对于第一个问题，梅党们做孟父孟母的思想工作，说这个根本不用担心，虽说梅兰芳有两房夫人，可王夫人重病缠身，离世是迟早的事。所以啊，梅兰芳实际上只有一房夫人，也就是福芝芳。另外啊，梅兰芳身份特殊，他还是他大伯的儿子，兼祧两房。所以，孟小冬嫁入梅家，绝对不会做小，而是和福芝芳一样，是正房夫人。

这样的解释倒也合情合理，孟父孟母去了顾虑，自然就同意了。梅兰芳那样既帅气又能干的女婿，天底下找不到几个，今儿个被闺女找到了，那得大力支持。

对于第二个问题，梅党们有些犯难。毕竟，这是个很现实的问题，孟小冬得去面对。想了好久，他们终于想出了一个法子，那就是不让福芝芳知道，这矛盾就没了。梅兰芳听了，觉得也可以，决定婚后来个金屋藏娇，高度保密，不只是不让福芝芳知道，就是圈子里的人也不告之。

万事俱备，只欠东风。1927年正月二十四日，在铁杆粉丝银行家冯耿光冯六爷的主持下，梅兰芳与孟小冬成亲了。不过，孟小冬嫁给梅兰芳，却没有坐花桥，没有办热闹的婚庆仪式，婚房更没设在梅家，而是设在冯公馆。也就是说，照当时的婚俗来说，孟小冬并没有妻子的名分，甚至连妾的地位都比不上。照现在的说法，孟小冬就是梅兰芳公开的情人而已，没有合法地位，也就没有合法权益。但孟小冬没有想这些，她认为有梅大爷这个人、更有梅大爷的那颗心就足够了。

虽然，梅兰芳瞒着福芝芳，弄了个金屋藏娇。可是，这么大的事怎么瞒得住？更何况他们还是名人？好事者们，特别是记者们更惦记着，时不时会爆料一下他们的花边新闻。不过，福芝芳装作不知道，缄口不提此事，继续不动声色地支持着丈夫的事业。她知道，一旦撕破脸，极有可能激发她与梅兰芳之间的矛盾，反而弄得更加被动。她要找个适当的时机才出手，一出手，就要将情敌置于绝地，没有退路。

金屋暗藏娇

　　最先披露梅孟联姻消息的是天津的《北洋画报》，时间是 1926 年 8 月 28 日。当时，报上刊登的这篇报道更加引起了轰动，报道的标题为《关于梅孟二伶之婚事之谣言》。这标题听上去像是一则辟谣的消息，但看了内容就知道，与其说是辟谣，还不如说是预告梅孟二人的婚姻关系。报道刊登了梅、孟二人的照片，左边那张的注释是"将嫁梅兰芳之孟小冬"，右边那张的注释是"将娶孟小冬之梅兰芳"。文中说，梅兰芳打算娶孟小冬，这个事情得到了梅兰芳的原配梅大奶奶的支持，目的就是为了打压梅兰芳的二太太福芝芳。

　　从今天的角度去看，这则报道就是一则明星八卦，制造噱头罢了。这样一来，梅孟之间的事便成了火爆新闻，世人皆知。后来，这事在报纸上愈演愈烈，居然成了一个话题，经常刊登。远在上海的杜月笙肯定知道，心里头自然不是滋味。不过，他没时间去想这件事。因为，有件生死攸关的大事等着他做决断。这件事不仅仅决定他的生死存亡，还决定着整个青帮帮会的生死存亡。

　　1927 年前后，国内形势风云变幻，正孕育着一场前所未有的变动。从 1926 年 7 月开始，国民革命军在蒋介石的率领下，进行第二次北伐。一路上，北伐军势如破竹，先灭军阀吴佩孚，后败军阀孙传芳，攻占南京，直逼上海。

北伐军、旧军阀、各类洋人，多种政治势力，都紧紧盯着富庶的大上海。大上海，即将面临重新洗牌。作为帮会势力的青帮，何去何从呢？老大黄金荣认为应保持中立，谁也不帮，谁也不得罪；老二张啸林认为过去靠军阀和洋人吃饭，现在军阀和洋人的势力依然强大，还得靠他们吃饭；老三杜月笙认为，此一时彼一时，北伐军势头正旺，得当作靠山去帮。

在他的强烈要求下，上海青帮三大亨达成共识，决定配合北伐军消灭旧军阀。照当时的形势来看，北伐军打旧军阀，鹿死谁手，就连他们自己也不得而知，更不用说旁人了。可是，杜月笙就有这种判断力，他认定北伐军作为新兴势力，必定占主导地位。

果然，在上海工人第三次武装起义的配合下，北伐军夺取了上海。然而，接下来的形势发展，超出杜月笙他们的想象。蒋介石为了夺取政权建立独裁政府，阴谋发动清党灭共运动。因为当时还是国共合作时期，他不敢公开清党灭共，便在上海寻找代理人。

很快，代理人确定下来，那就是上海青帮的杜月笙、黄金荣、张啸林三大亨。在杜月笙他们参与的筹划下，蒋介石悍然发动了"四一二"反革命政变。据不完全统计，在事变的三天中，惨遭杀害者三百多人，被拘捕者一千多人，流亡失踪者达五千多人。1927 年 4 月 18 日，蒋介石借政变之机，在南京成立所谓的国民政府，与汪精卫领导的武汉国民政府形成对峙局面。

因为在这次政变中立下了大功，蒋介石给予嘉奖，委任黄金荣、杜月笙、张啸林为国民革命军司令部少将参议，颁发委任状和勋章。杜月笙很看重这个虚职，他高兴地穿着将军服，请来照相师拍了一张全身戎装照和半身戎装照。这个虚职，为杜月笙以后的事业发展奠定了基础，赢得了机会。

杜月笙在上海演绎着一场场杀戮，孟小冬则在北京与梅兰芳秀着一幕幕恩爱。

春去夏来，蜜月期过了，孟小冬开始觉得不再上舞台的生活有点单调乏味。忽地，她想起了师傅仇月祥曾经反对她与梅兰芳结婚的话："真是女大不中留！这些年你跟着我走南闯北，戏没少唱，钱也没少赚，只是现当口在北京正走红，嫁过去，恐怕梅兰芳不会再让你抛头露面出去唱戏。俗话说，拳不离手曲不离口，只要一年半载不唱，就前功尽弃，那样的话实在可惜！"

如今有了亲身经历，孟小冬方才体会到师傅的话一点不差。婚后不久，梅兰芳像往常一样演出，忙碌而又充实；而她呢，待在有着高大围墙的冯公馆里，终日无所事事，无聊空虚得很。

孟小冬生于梨园世家，因家学渊源，自幼便听父亲吊嗓子，潜移默化，竟然喜欢上了老生的唱腔，一发而不可收拾。六岁的时候，她跟父亲孟五爷学唱《秦琼卖马》；八岁时，她拜姨父仇月祥为师，开始卖唱；十二岁时，她随姨父去无锡搭班，一炮走红，成为名角。接下来的五年，她先后在上海、汉口、泉城、天津等城市演出。每到一个城市，她的演出都引起轰动效应，赢得戏迷们的热烈喝彩。到 1925 年，她进军北京，名震京城，被誉为"冬皇"，成为可以与当时的四大名旦和四大须生一争高下的名伶。

这样一个才艺俱佳热爱戏剧的奇女子，又生活在京剧最为火爆的时代，怎甘心当笼中鸟瓶中花？于是，孟小冬向梅兰芳提出，她想重返舞台。可是，梅兰芳不同意，劝她说："男主外，女主内，自古以来就是如此。你现在自由自在多好，要是出去唱戏，朋友们会笑话我梅兰芳连自己的太太都养不活，你叫我这张脸往哪儿搁？"

梅兰芳这么说，孟小冬又怎好坚持自己的想法？逼于无奈，她只能继续待在深闺，尽心尽职地做着梅太太。就这样，花一般绽放的单纯女孩，没有经历风霜雪雨，不会去想梅大爷是因为爱他梅兰芳才爱她，还是因为爱她孟小冬才爱她？其实啊，梅兰芳如果真爱她，他就应该知晓舞台能带给她怎样的快乐，又怎么忍心以这个名义将她囚禁？

因为喜欢绿，陆蠡把爬在窗台上的常青藤囚禁了。然而，常青藤的尖端总朝窗外的方向生长。它是如此固执，永远朝着阳光生长，不因为主人的喜爱而屈服。后来，陆蠡想通了，放了常青藤，让它成为自由自在的绿。连小小的常青藤都在为自由抗争，更何况鲜活的人呢？

孟小冬忘了江湖，江湖却无法把她忘却。突然之间，名震京津的冬皇在舞台上消失了，让戏迷们大感不解，想探个究竟弄个明白。虽然梅兰芳、冯耿光的保密工作做得好，可冬皇孟小冬藏在冯公馆的消息还是传了出去。很快，就有戏院老板去冯公馆，想约孟小冬出去唱戏；更有一批冬皇的戏迷，为了能听到她的戏，也在冯公馆外吵吵嚷嚷。

不知道梅兰芳当时是怎么想的，面对戏迷们的热情，他居然不是去积极面对，安排小冬重上舞台，而是以安全为由，把她迁出冯公馆，藏到更为隐秘处。为了便于走动，新居仍选在东城，靠近长安大戏院不远的内务部街的一条小巷里。这是一条闹中取静看上去不显眼的普通小巷，但巷内却藏着深宅大院，不为外人所知。

为了不让小冬感到孤单寂寞，冯耿光要夫人的妹妹比孟小冬小一岁的小姨也跟过去做伴，另外又安排一位秦姓老妈子烧饭做菜，一位男佣看家护院。而梅兰芳呢，他也特意为小冬新购置了一台手摇留声机及余叔岩新灌制的唱片，让她自娱自乐，作为消遣。对外，则高度保密，除了几位绝对可靠的挚友外，一律守口如瓶，不透露半点消息。

为了心爱的人，孟小冬接受了这种如囚徒般生活的安排。或许，当时的她不曾这样去体会，甚至还乐在其中。在那个如囚房般的院子里，她和他曾留下这样一帧照片："梅兰芳侧身摆出手势，墙上留下投影。右上方是孟小冬的题字'你在那里做什么啊？'左上方是梅兰芳的手书'我在这里做鹅影呢。'"小儿女般的嬉戏，确实透露出你侬我侬的绵绵情意。有人据此说，孟小冬嫁给梅兰芳是幸福的，你看，她和他生活在一起，多么幸福！其实啊，这只是一种表象。要知道，他们是有感情基础才走到一起的。新婚宴尔，还在蜜月后期，怎能不打情骂俏？但爱情不是婚姻的全部，生活才是婚姻的本身。日子长了，本该属于舞台的孟小冬，又怎能忍受这样的生活安排？

当然，梅兰芳还是想了法子的。为了让小冬安心，他还带着她去拜访须生泰斗余叔岩，想请他上门教戏。这是小冬自己主动提出来的，因为她在家里反复聆听余叔岩的唱片后，十分仰慕，想拜他为师。而梅兰芳的意思，不想让孟小冬抛头露面，只想请余叔岩上门说戏。余叔岩当时的身体很不好，常卧病在床，无力收徒，更羞于上门为人说戏，但又碍于梅兰芳的面子，只得帮她介绍一位名教师：鲍吉祥先生。

上午跟着鲍老师学戏，下午跟着鲍老师排戏练功，累了可以在大大的院子里骑骑自行车，晚上则可以和夫君梅兰芳卿卿我我。似乎，孟小冬的芳心可以安定下来，她可以安安心心地过着金屋藏娇式的封闭生活了！

冯宅大血案

虽然被当作宠物般爱着，虽然过着离群索居的生活，但是，孟小冬还是感到很满足。如果没有后来的冯宅血案发生，或许，这辈子，她就这样放弃自己的戏剧事业，甘心情愿地做着专职梅太太了。

冯宅血案发生在孟小冬与梅兰芳结婚那年的 9 月 14 日，距离她们结婚不足一年。

那天下午，梅兰芳到了孟小冬的住处。因为按约定，这天下午他该来的，还会吃完晚饭后再回梅家。可是，梅兰芳只待了一会，就要离去。

因为演出，梅兰芳已经三天没来了，怎么坐一会又要走？孟小冬有些不高兴，说："这段时间怎么这么忙啊，连多陪我一会的时间都没有？"

梅兰芳说："有个朋友过生日，冯六爷在公馆里为他做寿，邀我过去作陪吃晚饭。"

既然是赴生日宴，怎么不带我一起去，还不告诉我？孟小冬更不高兴了，嘟着嘴不再出声。

见她生气，梅兰芳急忙走了过去，安慰说："我本不想去的，冯六爷邀请，没有法子。想带你一起去呢，又是晚上，我担心不安全。小冬，你等着我，吃完晚饭我就来你这里，好吗？"

平日里唱完夜戏，梅兰芳一般不在孟小冬的住处过夜，而是回梅家，也就是福芝芳那里。今日里，他竟然说晚上过来，解释中又透着关切，孟小冬还颇为高兴。很快，她化不乐为高兴，亲了亲梅兰芳的脸，表示没事了。

出了门，梅兰芳上了自己的小汽车，要司机开往冯耿光家。小汽车刚发动，梅兰芳就发现有个小伙子朝他们跑过来，还朝车里面瞅了瞅。他担心让人发现小冬的住处，急忙催司机快走。

司机一踩油门，加快了车速。20世纪20年代的中国汽车，速度快不起来。那个小伙子一路猛跑，居然跟了上去。梅兰芳有些担心，吩咐司机一定要摆脱那个小伙子。好在司机厉害，左拐右拐，终于摆脱了那个小伙子。

见梅兰芳来了，冯耿光忙向他介绍生日宴的主角——诗人黄秋岳。聊了一会，冯公馆的门人通报，说外面有个年轻人想见梅老板，看样子很急切，非见不可。

想到刚才追自己小汽车的那个小伙子，梅兰芳有些担心，便说："我不认识他，不想见。"

客人中有个绰号叫"夜壶三"的《大陆日报》经理张汉举在一旁听了，主动说他出去看看。于是，他走到冯公馆大门口，见那个小伙子西装革履的，不像是坏人，便说："小伙子，你贵姓？"

小伙子说："我叫李志刚，是厦门大学的学生，我想见梅老板。"

见他是大学生，张汉举对他有些好感，便作了自我介绍，问他有什么事，可以代为处理。

李志刚听了，苦着脸说："张先生，我并不认识梅老板，只是我爷爷和他有交情。现在我爷爷故了，因为没钱下葬，已经停尸三天，想求梅老板帮帮忙。"说完，他从口袋里掏出一封信，跪了下去。

张汉举忙扶起他，接过信看了一下，便要他在门外等候。随后，他进去把情况大致讲了一下，又把信给梅兰芳和在座的客人看。大伙听了，

又看了信中内容，都充满同情，纷纷慷慨解囊，凑了一百元。

李志刚见了，连说不够。没办法，张汉举又回冯公馆，和大伙再凑一百元。可是，李志刚还说不够。这下张汉举有些犯难了，只得说："小伙子，你如果还嫌少了，那我得去你家看看情况再说。否则的话，我就帮不了你。"

李志刚说："我的家离这里比较远，在东斜街14号。"

张汉举说："我也住东斜街，你等我会，我有车，吃完晚饭就载你回去。"

这样商定之后，张汉举才进去，告之大伙情况。然后，他匆匆吃完晚饭，便起身告辞。恰好还有一个叫汪蔼士的客人，也住那个方向，也想搭便车。于是，三个人同坐一部车向西城赶去。

当车行驶到东斜街路口的时候，李志刚猛地掏出一把白朗宁手枪，面目狰狞地说："梅老板抢走我的未婚妻孟小冬，我要他给五万块钱补偿费，快，把车开回冯公馆。"

自己被劫持了！张汉举不敢违拗，只得吩咐司机开回冯公馆。李志刚没让张、汪二人下车，而是命令司机拿着预先写好的告贷书信，进冯公馆交给梅兰芳。这个时候已经是半夜，客人早就散了，梅兰芳也去了孟小冬住处。

得知情况，冯耿光大惊失色，急忙凑集宅中所有的现款，连男女仆人身上的仅得五百元。见司机只拿了五百元出来，李志刚气急败坏，恶狠狠地说："五万元少一个子都不行，否则我就打死他们。"

见这个情形，冯耿光又急忙想法子，还打电话告知梅兰芳情况，要他也一起想法子。五万元，在当时是个什么概念了，可以在北京城买一栋比较好的大宅呢。这么大一笔钱，叫梅兰芳如何弄出来？虽然这个事情牵扯孟小冬，他也顾不得了。情急之下，他只得报警。

李志刚这边交涉多次，已然陷入僵局。在僵持中，恰好有两个巡警经过路口。李志刚以为大批军警到了，急忙劫持人质进入冯公馆。天渐渐亮了，闻讯赶来的武装警察保安队侦查队等，从四面八方赶往冯公馆，把整条胡同都占满了。僵持了这么久，很多老百姓也听说了，纷纷围在周围看热闹。

因为担心伤害人质，军警们不敢贸然动手，只能和李志刚讨价还价。到次日早上七点，冯三爷从中国银行弄来一万元，加上其他的，凑了两万元现钞，还加上两千大洋。

最后，双方终于达成协议，李志刚带着钱走人，安全后放了人质。钱成捆成捆地运到了车上，清点好数目后，李志刚弯腰进入小汽车。就在那一刹那，他的手枪离开了张汉举的后心。军警们以为抢到了机会，扑过去想活捉李志刚，救出人质。李志刚慌了，马上连开三枪，枪枪击中张汉举的要害，而他自己也被乱枪打死，随后被枭首示众。

负气打擂台

名震京津的冬皇为什么不上舞台了？冯公馆的绑票杀人案终于让这个问题有了答案。原来，她被一个著名伶人包养，秘藏起来。本来，她有个未婚夫，名字叫李志刚。他们两个郎才女貌，十分般配，就是因为这个名伶的插足，使得他们反目成仇。她的未婚夫被警方枪毙，枭首示众，肯定是那个著名伶人指使的……

如此等等，就是这个凶杀事件发生后的流言。名人，美女，凶手，这些要素确实是制造新闻的最佳构件，京城一片哗然。于是乎，种种传闻加到了完美男人梅兰芳的身上，让他百口难辩。

他的妻子福芝芳呢，她早就知道梅兰芳金屋藏娇与孟小冬另建新家。为了不影响自己和丈夫的关系，大半年来她一直忍气吞声，人前人后从不提这个事情。平日里，她依然像往常一样，照料梅兰芳的生活起居，帮他打理演出中的事务。梅兰芳自然也体谅她的一片苦心，把一半的身心放在家里。没想到，居然生出这样的事情，弄得整个京城人都知道了，福芝芳再想沉默已无可能，更何况是危及丈夫性命的事情？于是，福芝芳借着这个机会，大吵大闹，让梅兰芳苦不堪言。

冯宅凶案确实与自己有关，福芝芳的吵闹不无道理，内外交困的梅兰芳不能不顾忌这些。为了保护自己的名誉，也为了保护孟小冬，他不得不暂时减少与她的来往。接下来，他确实有件大事要做，那就是忙于准备"访美演出"的工作。

在电影《梅兰芳》中，观众看到的情节是因为梅兰芳迷恋孟小冬，冯如山（原型冯耿光）为了逼他访美演出，雇佣了一个杀手去刺杀孟小冬，以减少甚至去掉他"访美演出"的羁绊。这个电影情节的处理，和真实事件是不相符的。

冯宅凶案这样的血腥事件，无论放到哪个时代哪个社会，都会引起轩然大波。它改变了梅兰芳的日常生活，更改变了孟小冬的内心世界。新婚宴尔，梅兰芳还会两头跑，既顾及福芝芳，也顾及她孟小冬。这样的生活，她早有思想准备，所以不会心生埋怨。现在呢，梅兰芳每星期来一次也保证不了，有的时候半个月、甚至一个月才能见上一面。

他在哪儿呢？爱情又在哪儿呢？虽说在舞台上演的都是些须生甚至是些英雄好汉，可到底是一颗女儿心，聪明敏感的孟小冬忧伤地感觉到，梅大爷对自己的感情大大降温了。梅兰芳说是忙于访美演出的工作，没时间过来，事实也是如此。但在孟小冬看来，这是借口，是移情别恋的借口。

女人碰到这样的事情，就很难做通自己的思想工作，更何况本就心高气傲的孟小冬？而且，这个时候的孟小冬依然过着与外界隔绝的生活，梅兰芳是她唯一的精神支柱和生活依靠。"他不理我了，我该怎么办？我这日子怎么过？"渐渐地，她开始烦闷起来，甚至有些抑郁，但她还在憧憬着。

1928年春节过后，孟小冬收到一份由家人转来的天津的《北洋画报》，上面刊有一则消息："梅兰芳此次来津，仍寓居顺德饭店。但挈其妾福芝芳同行，则系初次。"

孟的家人用意很明显，梅兰芳去天津演出带了妻子，但不是孟小冬，而是福芝芳，为她鸣不平。

孟小冬能不明白？这下她由委屈变成了气愤。想自己年纪轻轻，事业不要，名分不要，把自己锁在深深的院子里，苦苦地等待。现在呢，他却带着福芝芳到处逍遥，对我是不理不睬漠不关心。

她越想越气，越气越想，最后，愤然回了娘家。

小冬回到娘家，孟五爷夫妇自然高兴。因为自从小冬和梅兰芳结婚后，她就极少回来。见女儿心情不好，他们自然知道原因，都说梅兰芳的不是。孟母说："这倒好，没有和他结婚前，冬儿唱戏家里日子一点不愁，常有结余。现在一点进账也没了，还让你受这番委屈，真是何苦？"

孟五爷说："他不光是对我家小冬不好，前几天王毓楼来，说他妹妹王明华（梅兰芳的元配夫人）在天津病重，梅却带着福二到天津游逛，连医院都不去一下，真是无情无义！"

父母在一旁数落，孟小冬在一旁听，不知如何是好。最后，孟五爷帮她拿了个主意，说："小冬啊，这样下去你都没法活了，先把日子过好。他能去天津唱戏，你为什么不能去唱？"

这话确实有道理！孟小冬接受了父亲的建议，决定重出江湖，登台演出，演出地点也是天津。这样安排，明摆着她是想和梅兰芳打擂台，出出心头的恶气。唉，这就是奇女子孟小冬生气的方式。戏迷们知道了个中原因，说不定还会说："冬皇，你就和梅大爷闹别扭吧，我们乐得多看几场你的大戏！"

天津方面听说冬皇复出，而且主动提出要来天津，欣喜万分。于是乎，大报小报争相报道，有的刊诗文，有的开专栏，为她的复出造势。如此一来，孟小冬的天津之行未去先热，很大程度地勾起了戏迷们的期待。本来，天津有一批她的老观众，阔别两年，那更是翘首以待，希望一睹为快。

果然，演出期间，孟小冬的戏异常火爆，场场爆满，她一口气唱了十天的戏。连戏十天，那得多大的体力和精力？其实，这个时候的小冬，即便不在气头上，也有这样大的干劲。

冬皇的这次演出，还吸引了不少外国人前去观摩。一个小女子，居然可以演男人，而且演得活灵活现，这太令外国人惊讶了。他们纷纷发出邀请，约孟小冬去他们的办事处，讨教中国戏曲方面的问题。在与外国人打交道的时候，孟小冬一律便装，甚至身着男装，不敷脂粉，落落大方，受到各界人士的赞美。现在，网上有孟小冬男士打扮的照片。照片上的她，粉雕玉琢，眉目含情，风流倜傥，很像《胭脂扣》里的十二少，颇有现代花样美男的特色。

当然，在问到和梅兰芳的关系时，孟小冬是一律不予回答。直到这个时候，她和梅兰芳之间的婚姻关系还处于保密状态，不愿公开。或许，孟小冬这样做，是爱惜梅兰芳的名誉，免得让他难堪。内心深处，她还是期待和梅兰芳尽快和好，共享温柔。

不过，她擅自离开北京，去天津登台演出十多天，还在天津游玩了好些日子。然后，她返回北京，又住在娘家，对梅兰芳不理不睬。这样做，是不是在向梅兰芳示威，向他表示自己的愤懑呢？

这种因素肯定是有的，因为不久之后，梅兰芳便主动去孟家接回孟小冬。为了表示补偿，在当年的11月份，他利用去广州、香港演出的机会，带着孟小冬一同前往，好好地快活了近三个月，到次年，也就是1929年的2月中旬才回北平。当然，他是背着福芝芳干的。

整个剧团少说有三四十人，梅兰芳带着孟小冬一起演出，历时三个多月，怎能做到不让人知道？自然而然，梅孟之间的关系就正式对外公开，大白于天下了。

孟小冬还是少女情怀，她深深地爱着梅大爷，跟着他这么跑一次，心情好了不少，也不再闹情绪。似乎，美好幸福的生活又向这位善感多情的奇女子张开了双臂。

夫妻秀恩爱

随着梅孟关系的公开化和正常化，孟小冬要面对的人就不是社会上的人，而是福芝芳了。以前，孟小冬还只是偷偷地和福芝芳分享着梅兰芳，出了绑票杀人那样的大事，她不但没受到影响，反而可以公开分享梅兰芳，福芝芳岂能容忍？

果然，这年夏天，问题来了。梅兰芳之所以成为国际级的大腕，重要原因就是几次国外演出的成功，其中最重要的一次是赴美演出。赴美演出，对于当时的梅兰芳来说，无异于一次大冒险。要是当下，像梅兰芳这样的国宝级人物搞访美演出，政府肯定会大力支持，要钱有钱，要人有人，想什么时候去就可以什么时候去。

可 1929 年的中国是乱世，新军阀们正在中国大地进行一次又一次的大厮杀，谁有闲心去考虑梅兰芳的赴美演出？于是，赴美演出的一切事宜得靠梅兰芳自己和他的那个团队。

首先是钱的问题，梅兰芳的御用编剧、实干家齐如山费了九牛二虎之力才筹集到十万美元。钱筹好了，大西洋那边却传来消息，说美国正发生经济危机，物价飞涨，十万美元不足以应付赴美演出这样的大型活动。

付出这么大的努力，怎能因为钱少的问题不去了呢？团队决定，精简人员，节约开支，总人数控制在二十人左右。这个棘手问题算是解决，但是，更为棘手的问题也来了。因争着陪梅兰芳去美国，福芝芳和孟小冬已经闹得不可开交。

刚开始，梅兰芳是准备带孟小冬一起去的。如此安排，福芝芳怎会同意？王明华已死，她认为自己才是名正言顺的梅夫人，孟小冬连小妾都算不上，凭什么带她一起去？更何况前不久，梅兰芳已经偷偷地带着她去了广州、香港，一去就是三个月。这次去美国，无论怎么说也该轮到她了。

福芝芳这么一闹，梅兰芳觉得也有道理，又改了主意，不带孟小冬了。这下，孟小冬也有意见了。她认为跟着梅兰芳去广州、香港，那是她应该得到的待遇。更何况这个时候福芝芳身怀六甲，去美国那么远的地方怎么合适？所以，这次去美国，应该是她陪梅兰芳去。

综合比较，孟小冬的意见更有道理。于是，梅兰芳准备采纳她的意见。没想到福芝芳豁出去了，为了堵孟小冬的口，她硬是请来医生，不惜打掉了自己肚子里好几个月的孩子。

两个女人，表面上是争着陪丈夫去美国的机会，实际上是争夺梅夫人的名分和地位。这样的争夺，已经带有血腥成分，让人难以接受。恰好经费不够，梅兰芳干脆来了个快刀斩乱麻，两个都不许去。

孟小冬不甘心，和梅兰芳吵了一架，然后又跑回了娘家。不过，这次梅兰芳非但没有马上去接，而且还带着福芝芳去了北戴河。在北戴河，他们又是下海游泳，又是骑着驴子游山，一副夫妻恩爱的样子。梅兰芳与福芝芳在公开场合露面的消息不胫而走，京津报纸争相报道。同时，报纸上附有福芝芳大幅穿着背心出浴的照片，以及许多梅、福二人的泳装、骑驴的照片。

这些报道和照片，直看得孟小冬醋意浓浓，心头五味俱全。这个事件，让她又一次感觉到自己连妾都不如的尴尬地位。她清楚地意识到，她在梅兰芳的心目中，远远不及福芝芳。

伴随着福芝芳和孟小冬的斗气，筹备了六七年之久的赴美演出终于成行了。从 1929 年 12 月下旬启程离开北京，到次年 6 月下旬演出结束，历时半年，在美演出共 72 场，场场客满，访问演出获得巨大成功。

7 月 18 日，梅兰芳剧团载誉而归，抵达上海。在迎接的人群中，有杜月笙的身影。看着梅兰芳意气风发的样子，他有股说不出的滋味。是羡慕他拥有孟小冬，还是钦佩他赴美演出的成功？他自己也说不清楚，读者更不得而知。不过，从年前关于梅兰芳与孟小冬吵架的传闻，以及报纸上关于梅兰芳与福芝芳秀恩爱的报道，杜月笙还是猜到孟小冬肯定过得不怎么开心。

难进梅家门

俗话说小别胜新婚，更何况一别就是大半年？青春年华的孟小冬渴望甜蜜爱情，渴望幸福美满的婚姻生活。可是，自从和梅兰芳结婚后，她感觉自己的婚姻之路总是磕磕绊绊，痛苦多于幸福。

1929 年 8 月 5 日下午三点，梅兰芳所乘轮船抵达天津太古码头。孟小冬想去码头接他，可一想到年前的矛盾，她就咽不下这口气，放不下身段。确实，两口子吵架，男方是该主动让步。于是，她决定不去，在娘家安心等待。她相信，梅兰芳还是爱她的，会主动来接她，和她分享赴美演出成功的喜悦。

但是，一连三天过去，梅兰芳并没有来。孟小冬很失望，她不相信他会如此冷淡地待她。很快，她打听到了消息：梅兰芳的伯母病逝了。梅兰芳四岁丧父，十五岁丧母，由伯父伯母养大。伯父那边没有儿子，所以，生母死后，梅兰芳就把伯母当作生母奉养。伯母病逝，他当晚就返回北京，在家搭设灵堂，延请高僧，隆重治丧。

得知这个消息，孟小冬的心没那么抑郁了。当天下午，她剪短头发，头戴白花，前往梅家，想为婆婆披麻戴孝，参加丧礼。随着吊丧的人群，孟小冬出现在梅宅大门口。这是她第一次来梅家，她不由停住脚步打量了一下梅宅。虽然，这个宅子不是很大，但槐树掩映，显得雅致。

深深地呼了一口气，孟小冬抬起脚步，向梅家大门走去。她抬起脚，刚想踏入大门，几个用人拦住她，说："孟大小姐，请留步！"

他们既然认得我，为什么喊我孟大小姐，不喊我梅夫人？孟小冬有些不乐，说："我是来吊孝的，为什么阻拦我？"

用人客气地说："这是夫人吩咐下来的，大小姐请回吧！"

什么，我是梅兰芳的夫人，他的养母死了，作媳妇的居然连进门的资格都没有？孟小冬一阵气恼，说："我要见兰芳。"

用人说："梅大爷哀伤过度，身体不适，现在休息呢。"

孟小冬听了更加生气，说："既然兰芳身体不好，我更要进去看看！"说完，她便推搡着往里面冲。

正好熟人杨宝忠等人也来梅宅吊丧，见此情况连忙安慰孟小冬，说："孟姑娘，你等等，我去请梅大爷。"

没过多久，梅兰芳在齐如山的陪同下，急匆匆来到大门口。见到孟小冬，他面露难色地说："小冬，你就先回去吧！过两天我就过来，这里就不用你操心了！"

孟小冬气愤地说："这叫什么话？就是一般亲友，为老夫人磕个头，也是应该的，你到底把我看作你什么人？"

孟小冬又对身旁的齐如山说："齐先生，当初你做大媒的时候不是说过'两头大'吗？你看看，我这样算是两头大吗？"

齐如山支支吾吾地不知说什么好，这是家务事，他一个外人能说什么？还是杨宝忠稳重，急忙把梅兰芳扯到一旁，说："梅先生，要不我进去跟二奶奶求个情，就让小冬磕个头吧！"

梅兰芳说："你等等，我自个儿去说。"说完，他急匆匆走了进去。

福芝芳已经怀胎十月，身披重孝，坐在灵堂恭迎前来吊丧的客人们。梅兰芳过去，悄声说："小芳，你已经劳累一天，要不回房歇着。"

福芝芳说："我还行，不累！你去忙你的，甭管我！"

看样子，她已经知道大门口的事。梅兰芳只得明说："不看僧面看佛面, 小冬已经来了, 我看就让她磕个头算了。"

福芝芳挣扎着站起身来, 厉声说: "这个门, 她是不能进! 否则, 我拿两个孩子, 还有肚子里的孩子, 和她拼了! "

福芝芳的样子绝不是说说而已, 说不定她真能干出什么事来。不就是进门吊孝嘛, 福芝芳为什么要拿出如此大的架势, 甚至不惜以三条性命相拼? 其实, 道理很简单。如果孟小冬这个时候进了梅家的大门, 就等于承认了她的儿媳妇身份。如此一来, 她和梅兰芳的夫妻关系就正式化也正常化了。为了保住自己在梅家的地位, 福芝芳不得不如此。要知道, 她和孟小冬竞争, 肯定是输家。与其到时候输得很惨, 还不如早点出手, 不让敌手进门, 一了百了。

正房的 "彪悍" 对某些 "妻管严"、又爱惜自己 "羽毛" 的丈夫很管用, 就像另一位大师胡适在正牌夫人同样的手段下落荒而逃一样, 这位梅大师也束手无策。他不敢多说, 急忙离开, 但又不敢也不好意思直接去做孟小冬的工作。走到门外, 他想到孟小冬的舅父在府内帮忙, 急忙找到他, 请他解围。

在舅父的劝慰下, 孟小冬两眼泪汪汪地离开了梅宅大门, 发疯似的奔回了娘家。

至此, 孟小冬彻彻底底明白自己是梅兰芳什么人了。和他成亲三年来, 梅兰芳从来没有带她进过梅家, 梅家人从来没有把她看做是梅兰芳的妻子, 甚至可以说连小妾都不是。因为, 即便是小妾, 她都有权力堂而皇之地进出梅家大门。如今, 在众目睽睽之下, 她第一次进梅家大门, 而且是去吊孝, 竟然被赶走, 这脸往哪儿搁啊? 更可悲的是, 作为丈夫的梅兰芳, 自始至终没有帮她说过一句话!

爱情, 对于某些女人来说, 那是至高无上的东西, 是可以当饭吃的东西。孟小冬就是某些女人当中的代表, 她视爱情为精神支柱, 现在精神支柱不在了, 活着还有什么意思?

孟小冬心灰意冷, 便躲到天津, 寄寓在一位詹姓亲戚家, 焚香念经,蹉跎岁月。看来，情感方面的挫折，某个时候是毁掉才女们的第一杀手。多少痴情女人，在遇到情感挫折时，往往一蹶不振，甚至付出如花般的生命。

誓言不相见

一见钟情，金屋藏娇，冯宅凶案，赴美之争，吊孝风波……孟小冬与梅兰芳之间的故事，如一幕幕大戏，在不停地演绎。四年过去，孟小冬的人生跌入最低谷，而杜月笙的人生如日中天，事业旺到了极点。其标志性事件就是 1931 年夏杜氏祠堂的落成庆典，那真是空前规模的活动。

杜氏祠堂的落成，是杜月笙家的大事，更是整个上海滩的大事。上至当时的国民政府主席蒋介石，下至上海滩的大小闻人，纷纷以各自的形式表示祝贺。庆典活动十分隆重，如果要把整个庆典过程说清楚，没有个三五章是不可能的。鉴于本书主要是说杜月笙的情感问题，这里就不赘述，只讲讲庆典中的堂会戏。

三天堂会戏，杜月笙几乎请来了全国所有的知名演员。伶王梅兰芳，为捧足杜月笙的场，三天夜戏，他连演两次大轴，一次压轴。当然，也有遗憾，那就是男须生泰斗余叔岩和当红女须生孟小冬没有参加。

余叔岩没去，那是因为生病，去不了。孟小冬没去，那是因为什么呢？不过，有人说，孟小冬接到杜月笙的请柬，她是去了上海，但不是参加杜公馆的堂会，而是探望正在病中的露兰春。也有人说，杜祠大典那天，孟小冬也参加了，只不过是女扮男装去的，当天就随姚玉兰回了上海，别人不知道。

无论哪种假设，孟小冬没登台唱戏这是百分之百的事实。上海是孟小冬初出道的地方，杜月笙、黄金荣对她不薄，按理来说，这样大的堂会，作为名角，她不应该不登台演戏。现在她没演戏，那是什么原因呢？

其实，在1930年10月下旬，孟小冬参加过一次辽宁水灾急赈募款义演。这次义演，梅兰芳也是被邀之列。《天津商报》的记者叶畏夏与孟小冬比较熟，他了解孟梅之间因为吊孝事件闹出了很大的矛盾，便提出建议，由孟小冬和梅兰芳合演《探母回令》，想借机调解，让他们两个重归于好。但是，孟小冬坚决不同意。因为是赈灾义演，属于慈善之举，她不好推脱，便和尚小云合演了《四郎探母》。

由此可见，孟小冬是一百个不情愿和梅兰芳公开同台，旧调重弹了。杜氏祠堂落成庆典堂会，那是多大的场面？不知道有多少名人参加，不知道有多少记者报道？孟小冬要是去，记者们好事者们难免不拿她和梅兰芳的事嚼舌头，甚至闹成报纸上的头版头条。这些情况确实有可能发生，孟小冬肯定也想过。基于这样的担忧，她没去杜公馆，更没登台演出。

办这么一个空前堂会，心仪的冬皇居然没来，即使来了，却没有登台演出。杜月笙心里肯定有些遗憾，只是他春风得意，没过多的时间去想。翻一翻日历，遗憾也就过去了。

孟小冬在情感的漩涡中痛苦挣扎，但没有人帮她分担痛苦，只能独自承受。梅兰芳也在情感的漩涡中痛苦挣扎，可他有人帮他分担，帮他出谋划策。因为，福芝芳在逼他作出选择，梅党在帮他作出选择。

就在梅兰芳参加杜氏祠堂庆典堂会返回北京后，梅党中的几位中坚人士和梅家亲友，就梅兰芳的家庭纠纷多次集会商讨抉择，想帮他在"福芝芳、孟小冬"之间作一决断。在众说纷纭难以抉择的时候，梅孟当初的主婚人冯耿光就像拍卖行里的拍卖师一样，高举木槌，一锤定音式地说："孟小冬为人心高气傲，她需要人服侍，而福芝芳则随和大方，她可以服侍人，以人服侍与服侍人相比，为梅郎一生幸福计，就不妨舍孟而留福。"

不会伺候人，这是对绝顶艺人"冬皇"孟小冬的准确判断，也是对其最深刻的蔑视和侮辱。她本来就不应该去伺候人，哪怕他是梅兰芳。她的人生，应该在舞台，只有舞台才能焕发出她的光芒，精进她的技艺。去伺候男人的女人到处都有，而能被人誉为梨园冬皇的，人世间只有她孟小冬一个。

世界上的真理本应如此，没有哪个女人属于哪个男人，也没有哪个男人属于哪个女人。可以说，孟小冬为她的骄傲付出了一生孤独的代价。这代价大吗？对于一个女人来说，真的很大，这是她的初恋，这是她作为姑娘的第一次爱情，就这样没有了。爱情的失败，摧毁了她对爱情的向往，再也不敢涉足爱情。你说，这代价大吗？但是，她值，因为她是作为一个女人而独立存在，不依附于任何男人而存在。

梅党已经下了定论，梅兰芳不会有选择，也不敢有选择。是到了该真正说一说的时候了！这一次，孟小冬没有再跑回娘家，而是约上梅兰芳作了一次长谈。这次长谈，她与他谈了许多许多，从她与他的相识谈到她与他的爱情，从她与他的爱情谈到她与他的婚姻，从她与他的婚姻谈到他的家庭……

"我今后要么不唱戏，再唱戏不会比你差；今后要么不嫁人，再嫁人也绝不会比你差！"抛下这句掷地有声的诀别话后，孟小冬不顾夜深，冒着倾盆大雨一路奔回了娘家。

撑着伞，梅兰芳追了出去，一直追到孟五爷的住处，可是门已紧闭。他敲开门，得到看门人海大伯的话："大小姐吩咐过，不管是谁来都不许开门，梅大爷还是请回吧。"说完，他关闭了门。

于是，梅兰芳又敲开东隔壁25号门。开门的是孟小冬的三弟媳妇，见他想要进去，急忙说："大姑爷，你们是怎么回事？大小姐刚才回来大发脾气，现在还在二老房间里哭，我们劝了好一会儿。她发誓说，从今以后再也不要见到梅兰芳！"

雨，一直下！一阵冷风吹过，梅兰芳禁不住打了个寒颤。这样的话，哪个男人听了，哪个男人打寒战！

至此，梅孟前前后后四年有余的支离破碎的婚姻，终于走到了尽头。与此同时，孟小冬一生的痛正式开始。

离婚打官司

说起来真让人感叹不已，杜月笙第二次真正走近孟小冬，也是缘于一段失败婚姻，只是这次的男女主角分别换成了梅兰芳和孟小冬。不过，这次不是他去找孟小冬，而是孟小冬主动去了上海。孟小冬不是正痛苦着吗，怎么去了大上海？那么，她去上海到底是要办什么事呢？接下来，我们一起回顾一下她和梅兰芳分手后的那段痛不欲生的日子。

和梅兰芳的婚姻彻底画上失败的句号，孟小冬精神一度崩溃，水米不进，抱定了必死的决心。亲人哀求，父母跪地，孟家哭成一片，她才放弃轻生念头，勉强进食。但同时，她请求亲人，再也不要和她谈论男婚女嫁的事情。从此，孟小冬不仅害怕婚姻生活，还害怕舞台生活。为了逃避，她离开北京，再次来到天津，寓居詹家，过着吃斋念佛的生活。

舞台上的一代冬皇，难道就这样消沉下去，永不出世了？

《天津商报》记者沙大风了解情况后，深表同情，但更为她惋惜，认为她不应该因为婚姻的失败就自暴自弃，放弃心中挚爱的事业。为了让孟小冬振作，他找到了她，说："孟姑娘，你与梅先生的婚姻世人都知道，既然已经分手，就应该通过法律手续，正式提出离婚，取得合法的手续，让社会都知道，来去清白，正大光明。万万不可草率从事，处于被动，留下话柄。"

确实，她与梅兰芳是没办什么正规手续就结婚了，也没办什么正规手续就离婚了。经沙大风提醒，孟小冬马上发现，这确实是个大问题，可她茫然不知所从，不知道该如何处理才好。

沙大风提出建议，说上海有个女大律师，叫郑毓秀，找她处理，肯定能妥善解决问题。孟小冬接受了沙大风的建议，很快就去了上海。到达上海后，她没急着找郑毓秀，而是先找到她的结拜姐妹姚玉兰。

这个姚玉兰是什么人呢？其实，她也是个名伶，唱女老生的。1922年8月，孟小冬去汉口演出，引起轰动效应。当时，姚玉兰也在汉口演出，听说孟小冬的戏配上孙老元（被誉为全国第一琴）如何如何绝妙，她决定亲眼看看，连看了《斩黄袍》《逍遥津》《辕门斩子》《滑油山》等剧目。后来，她干脆请了半个月假，暂停演出，天天去看孟小冬的戏。

姚玉兰也生于梨园世家，也是当时出类拔萃的名角，竟如此欣赏孟小冬的戏。一方面，表明孟小冬的戏确实不错；另一方面，表明姚玉兰是真心喜欢唱戏这个职业。两个人一见如故，相互喜欢，竟结拜为姐妹。因姚玉兰年长四岁，是为姐姐。

这个时候，姚玉兰已经嫁给杜月笙两年多。做了第四房姨太太后，她离开舞台，不再演戏。唉，这样一个优秀的戏剧人才，太可惜了！孟小冬嫁给梅兰芳，姚玉兰嫁给杜月笙，都得离开心爱的舞台，看来，这不只是个人原因，更是社会原因。

多年未见的结拜姐妹突然来访，姚玉兰既高兴又感意外。一番交谈，她知道了情况，劝慰道："打官司挺累人的，我看就让杜先生出面解决一下算了，还请什么律师。"

孟小冬说："怎么好意思麻烦杜先生。"

姚玉兰说："没关系！这么点小事，对于他来说，小菜一碟。"

在姚玉兰的劝说下，孟小冬同意不去找律师解决，请杜月笙出面解决。

　　几个月前，杜氏祠堂落成庆典的时候，杜月笙曾邀请孟小冬前来上海，但她没来。个中原因，他当然能猜到几分。现在，她不请自来，他就有些纳闷了。从姚玉兰口中得知孟小冬的遭遇，他有些气愤，也有些许喜悦。气愤的是，心爱的女人受到了伤害，几乎到绝食自杀的地步；些许喜悦是心爱的女人离开了梅兰芳，机会也就随之而来。

　　当然，杜月笙隐瞒了自己这些情感，很有担当地接受了这个使命。他知道，孟小冬的身份根本不受法律保护，她这场官司根本打不赢。可怜香惜玉的他不忍将实情告诉孟小冬，决定亲自出面摆平这事。

　　于是，他拎起话筒，拨通北平梅兰芳家中的座机，告诉他小冬来上海请律师和他打离婚官司的事情，然后说："现在律师信已经发了，要你出庭。今后大家还要见面，好来不如好散，公了不如私了。不是我偏心，好男不与女斗，真要闹起来，大家面子上都不好看，以后的路还要走。我来做个和事佬！梅老板，请你拿出个三万五万的，算作离婚补偿，从此脱离关系。郑大律师那边呢，我去和她打个圆场。梅老板，你看如何？"

　　梅孟的婚姻悲剧既有自身原因，也有社会原因。撇开社会原因，梅兰芳应该要负主要责任。这个，他当然心中有数。杜月笙的这番话，体面周到，既能解决问题，又让各方下得了台，不由梅兰芳不接受。马上，他顺着杜月笙的意思说："不是没了爱情，而是出于关系复杂，我们不得不分手。事情弄得这样，我是有做得不妥的地方。好吧，就按杜先生说的办，给四万，给四万！"

　　杜月笙说："好，梅老板真爽快。这样吧，四万块钱，我杜某先垫着，以后梅老板几时方便，从银行转个账就是了。"

　　梅兰芳不无感激地说："可以，就这么办，就这么办！"

　　四万块钱在当时来说不是个小数目，差不多可以买栋像样的房子了。有人说，当时的梅兰芳虽然名声在外，但因刚刚访美演出归来，还没演多少场戏，要养家，更要养活庞大的剧团，手头并不宽裕。为了付这笔钱，他后来不得不把心爱的无量大人胡同的花园住宅卖掉，于 1932 年 4 月举家迁往上海。也有人说，孟小冬最终没有接受梅兰芳那笔四万块钱的分手费。她只是为了讨个说法，讨个公道。

就这样，一支烟的工夫，杜月笙出面解决了梅孟之间的最后争端。说实在话，不管是过去还是现在，人们都有猎奇心理，很喜欢名人们的这些话题。要是孟小冬真请律师出面打官司，肯定会弄出轰动效应的新闻，让梅兰芳难堪的。孟小冬之所以同意杜月笙出面，应该考虑了这方面的因素。

心皈依佛门

婚姻方面的事，不管是结婚还是离婚，对于一个个体而言，都是影响一辈子的大事。因为姚玉兰的关系，孟小冬把离婚这样的大事交给了杜月笙，不可说不是一种信任。

这件事情的圆满解决，让孟小冬得到了些许尊严，得到了些许安慰。作为当事者，她肯定对杜月笙产生了感激，甚至是好感。当然，她与他之间的关系并没有因为这件事迅速升温。

当年秋天，沙大风主办的《天风报》发起赈灾义演，孟小冬接受邀请，在天津的春和大戏院激情献演一出《捉放曹》。虽然她息演多年，但依然嗓音清亮，唱功不减，魅力犹存。通过这次义演，孟小冬重新找回自信，燃起了对生活的希望。

随后，孟小冬先向"旧谭"领袖人物言菊朋请教学习，后拜上海京剧票友苏少卿为师。如此积极地参加社会公益活动，如此积极地拜师学艺登台献艺，应该可以说，孟小冬在积极面对生活，想去除失败婚姻带来的心理忧伤。

"人逢喜事不二三，不如意事常八九。"这话放到孟小冬的身上太对了。刚刚从绝望的深渊爬上了些许，一个突如其来的打击又把她打入深渊底层。事情的经过大致是这样的：

天津的一家大报上忽然登出连载小说，小说的内容用化名影射孟小冬和梅兰芳的事情，闪烁其词地说某名坤伶以离婚为名敲诈某名伶大洋数万，并把五年前发生在北京冯宅的绑架杀人案渲染加工，甚至说这件事的罪魁祸首就是某某坤角……此外，小说还编排出"某坤角是否再嫁？""将嫁何人？""有无意中人？"等噱头情节。

有人认为报刊刊这样的连载小说，其目的是为了恶意中伤孟小冬。其实不然，因为没这个必要。如果真想恶意中伤，报刊完全可以直接就她与梅兰芳之间的情况作个报道便可，犯不着搞个小说连载，既浪费篇幅，又难以达到效果。所以，综合来看，这应该是某个作者和该报刊合作，想借这个题材炒作，达到扩大影响从而赚钱的目的。

根据结果来看，他们确实达到了目的，引起了轰动效应，肯定赚了不少钱。他们的目的达到了，可也对孟小冬造成了极大的伤害。她是女人，有女人特有的自尊心。另外，她还是个很高傲的女人，自尊心就更强了。遭此打击，孟小冬极度抑郁，连对曾经深深挚爱的舞台也深感厌恶。在无法排遣的情况，她来到北平拈花寺，拜主持量源大和尚为师，潜心礼佛，甚至举行了皈依三宝的典礼。

明星皈依佛门，现在也有。比如说饰演过林黛玉的演员陈晓旭，演唱过经典名曲《青藏高原》的歌星李娜。是什么原因让这些人们艳羡的美女、才女逃避现实削发为尼？虽然，我们很难确定她们这样做的具体原因，但可以肯定，她们被世俗生活伤害很深，她们想从遁隐的生活中找到慰藉。

梅兰芳晚年回顾自己人生的时候，绝口不提孟小冬。或许，他是不想让后人知道：在他的人生中曾经有过这么一个女人，一个他伤害了一辈子的女子；或许，他是认为与孟小冬四年的婚姻太短，相对于他的光辉一生，不值一提。

就在孟小冬潜心向佛的这段时期，上海发生一件震惊中外的大事。1932 年 1 月 28 日晚 11 时 20 分，日本海军兵分三路，突袭驻扎上海的我十九路军，"一·二八事变"爆发了！

侵略战争发生后，杜月笙马上行动，利用他个人的影响力，发动上海各界人士支援十九路军。在上海民众的支援下，上海守军与日寇浴血奋战了整整三十五天。3月2日，日寇攻占上海，第一次松沪会战结束。

上海守军在被迫退出上海前，十九路军军长蔡廷锴表示：三十五天血战，十九路军得到了上海老百姓的衷心支持，他们永远不会忘记，尤其是不会忘记支援"一·二八"抗战的地方领袖杜月笙先生。

自此，杜月笙先生由上海的杜月笙开始成为中国的杜月笙，他与孟小冬在爱情长征路上也将迈出重要一步！

第 二 卷

刹那劳燕分飞

再掀京剧风

孟小冬过得很憋屈，她实在想不通婚姻为什么会如此复杂，让她受这么多苦，受这么多伤。虽然，她已拜大和尚为师，皈依三宝，但并没有削发为尼，只是成为在家信佛的教徒。也就是说，她还放不下世事，心中还有意念。

时不时，还是有亲朋好友登门拜访，劝她看淡一些，不要纠结那些无聊小说家制造的流言。还有亲友说，你这样无声无息地在家吃斋念佛，消极面对，反而会使人信以为真，日子一长，你的青春没了，你的才华没了，你的一切都没了。还有，你父亲病逝，你的老母和一大家子人都得靠你支撑……

这些劝说，正是孟小冬心中放不下的意念。痛定思痛，一番思量后，她决定站出来捍卫自己的尊严。怎么捍卫呢？既然小说家们在报纸上连载，那我也通过报纸予以反击。于是，她写了一篇题为《孟小冬紧要启事》的文章，于1933年9月的5日、6日、7日，在天津的《大公报》第一版连续刊登三天。

紧要启事里写些什么呢？一句话，那就是针锋相对以正视听。流言家们说我和梅兰芳结婚如何如何，那我就把我和他结婚的前前后后的事实说个清楚，看"……是我负人？抑人负我？世间自有公论，不待冬之赘言"。字里行间，有对梅兰芳的怨恨和责问。

流言家们说我和冯宅凶案的主角李志刚有三角恋爱关系，导致我和梅兰芳之间的关系恶化，那我就告诉你们，"抑冬更有重要声明者：数年前，九条胡同有李某，胁迫兰芳，致发生剧变。有人以为冬与李某颇有关系，当日举动，疑系因冬而发。……冬与李某素未谋面，且与兰芳未结婚前，从未与任何人交际来往。凡走一地，先严亲自督率照料。……"

这篇紧要启事，文采飞扬，情感深沉，字里行间不无愤激。现在读来，我们依然能够感受到孟小冬当时的那种压抑与愤怒。她能够勇敢地站出来，驳斥无良媒体，实在令人敬佩。要知道，差不多同一时代，有一位叫阮玲玉的电影演员，就是因为受不了无良媒体的中伤而自杀了。细心的读者还发现，这篇《紧要启事》总共六次提到梅兰芳，除了开头一处直接称呼梅兰芳之外，其他五处都是称呼"兰芳"。或许，刚开始孟小冬是恨着梅兰芳的，可没有爱哪来恨？当初，离开和梅兰芳同住的宅子，孟小冬只带走一样家当——龙凤双洗脸盆。这个洗脸盆是他们结婚时好友作为喜礼送的。离婚后的孟小冬，仍是每天用它来洗脸。每次洗脸，她都会把另外一个脸盆盛上水。

一个小女子，怎么有这么大的勇气和胆识，敢公开和无良媒体斗争？有人说，孟小冬的后面肯定有能人帮他，这个能人就是杜月笙。其实，这种说法是没有足够依据的。因为，当时的孟小冬和杜月笙关系并不密切，照她的个性，她是绝对不会接受一个黑帮老大这方面的帮助的。如果是这样，那还不是给无良媒体制造口实，好让他们继续中伤吗？

细想一下，这样的举动，正是孟小冬的刚烈性格使然。敢爱，也敢恨。爱的时候，她不顾世俗的眼光，不顾自己的冬皇声誉，毅然决然嫁给心爱的人；恨的时候，她不藕断丝连，说分手就分手，不给对方也不给自己半点余地。到此为止，孟小冬刚烈性格爆发到了极致。

痛定思痛，痛何如哉？极端痛苦的情绪得到宣泄，阴霾一扫而光，晴空万里。通过这么一篇"紧要启事"，孟小冬终于释放了多年遭到压抑的情绪。她恢复了自我，重新找回妙龄姑娘应该有的那股青春活力。

二十天后，孟小冬重返舞台，在北平东安市场的吉祥戏院上演拿手好戏《四郎探母》。这个时候的北京舞台，已经取消了男女同台的禁令，所以这次是男女合演，阵容极强。

孟小冬在北平复出的消息马上传开，很多大城市的戏院老板纷纷邀请，希望冬皇移驾，为他们创造经济效益。天津明星大戏院老板动作更快，他亲自赴京，重金邀请。此时的孟小冬基本上恢复对戏剧的热情，她欣然接受邀请，并邀请名净侯喜瑞、名丑萧长华等大家一起，组成剧团前往明星大戏院。

在前三天的头炮戏中，孟小冬分别出演《四郎探母》《珠帘寨》《捉放宿店》。在天津，小冬本有群众基础，深得戏迷追捧。自从"紧要启事"登报之后，她更是得到社会的广泛同情与支持，因此备受赞誉，场场爆棚。这种盛况，乱世中的天津舞台已经多年不见，足见小冬的魅力所在。

小冬之戏，大方洒脱，唱功老到，韵味十足，气势宏大，声情并茂。记者沙大风更是撰文赞誉，说她的成就已经超越大家余叔岩。在文章中，他还称小冬为"冬皇帝""吾皇万岁"等，自己则称"臣""老臣"等。北京的报纸上刊出剧评人孙养龙的一首七言绝句："沙君孟话是佳篇，游艺场中景物鲜。万岁吾皇真善祷，大风吹起小冬天。"孙养龙是须生泰斗余叔岩的表亲，他的戏评向来为梨园和票界看重。很明显，他是认可沙大风对孟小冬的褒扬的。从此，孟小冬被冠以"冬皇"的美誉，长盛不衰。

当然，也有人持不同意见，认为这个时候讲小冬超越须生泰斗余叔岩为时尚早，还得时日操练。但不管怎样，这个时候的孟小冬，以其精湛的技艺又在舞台上掀起了一股京剧旋风。

在天津演出期间，恰好有"汉口谭鑫培"之誉的谭派名票程君谋老先生也在。经沙大风介绍，孟小冬拜他为师。见小冬天资聪颖，悟性颇高，是个可造之材，程君谋倾囊相授。

一个悉心传授，一个勤奋好学，进步那是自然的。不久，孟小冬在天津加演一期，即按程君谋所授正宗谭派戏亮相。在三天打炮戏中，程君谋亲自为她操琴壮胆，合作山演了《失空斩》《捉放曹》《洪羊洞》。孟程合作，相得益彰，一时传为美谈。

此后复出，孟小冬主要在京津两地演出。因为身体原因，她唱唱歇歇，作不定期演出，有时候一个月也难得演一场。唉，原来可以一连演十多天的梨园冬皇，身体竟然出现如此状况，可叹更可惜。

当时，因为日寇侵略，国内动荡不安，娱乐业都不景气，很多名角已经息演。可是，孟小冬却不一样，她越是不常演，卖座率越高。只要有她的戏，海报一出，预售戏票不消半天，就销售一空。

孟小冬真正从失败的婚姻中走出来，应该是从这个时候开始。虽然，终其一生，根据其所作所为分析，她应该没有彻底治疗好自己的心病。能这样，已经是戏迷们的幸运了，更是中国戏剧界的幸运了！要知道，手受伤，即便愈合，也会留下疤痕，何况是心灵受了致命的重创？

姐妹花对比

　　20 个世纪 30 年代的上海，是列强在华利益最为集中的地方，占英国在华投资总额的 80%，美国的 60%。"一·二八"事变后，日本攻占上海，对国际联盟、非战公约和九国公约构成的远东国际秩序提出了挑战。美英等列强自然不会坐视不管，积极出面调停。

　　1932 年 5 月 5 日，在英、美、法、意等列强的调停下，中日签署《淞沪停战协定》。日军返回战前防区（上海公共租界北区、东区及其越界筑路地带），中国军队暂留现驻地（沪宁铁路上的安亭镇至长江边的浒浦一线），交战区划为非武装地区。

　　杜月笙重回上海，开始组织恒社。次年 2 月份，恒社正式成立，他自任名誉理事长，向社会各方面伸展势力。就实质而言，恒社是个帮会组织，但融合政治、经济、文化等方面的人才，因而影响力大。它的建立，既是上海青帮势力空前发展的标志，也是杜月笙人生转型的标志。1934 年，杜月笙任地方协会会长，真正成为一呼百应的地方领袖，成为上海最有势力的人。这期间，他利用自己的影响力，还是干了不少有益于老百姓的事。

　　1935 年夏，长江、黄河、珠江等河流，相继发生洪灾，祸及八个省区。杜月笙发动成立"上海筹募各省水灾义赈会"，并出任会长一职。杜月笙负责筹办，黄金荣免费提供他自己开设的黄金大戏院。整个演出计划一个月，所得款项全部用来救济灾民。

第一期义演活动从 10 月 2 日到 19 日，由梅兰芳和上海各界名票联袂义务演出，共计十八天。这个时候的梅兰芳刚从苏联友好访问演出回来不久，声望更大，自然能引起轰动效应。

在众多名票中，以姚玉兰的出台最为轰动。究其原因，一是她本是内行，戏也唱得不错，尤其擅长汪（笑侬）派老生戏，已经成为绝响，难得一听；二是她现在的身份是杜月笙夫人，是杜月笙的门徒们捧场的大好机会，捧师娘，就是捧杜月笙。

还值得一提的是，在演出的最后一天，杜月笙与夫人姚玉兰一齐登台，合演《落马湖》，杜夫人与梅兰芳合演了《四郎探母》。这个，就有内容可嚼了。为啥呢？

细心的读者可能还记得，孟小冬就是以《四郎探母》在北京一炮走红，从此立足京城。还有，孟小冬与梅兰芳第一次合作演出的剧目也是《四郎探母》。由此可见，《四郎探母》对于孟小冬而言，有着特殊意义。这个时候，梅兰芳又在演《四郎探母》，而合作的人是孟小冬的结拜姐姐——大亨杜月笙的四姨太太，相信他是别有一番滋味在心头。

同样是坤伶名角的结拜姐妹，一个嫁给梅兰芳当三姨太，一个嫁给杜月笙当四姨太，为什么命运如此不同呢？就这个问题，我们一起来探讨探讨。

在结婚这个问题上，梅兰芳与孟小冬结合肯定有两情相悦的因素，但更有梅党的大力撮合；而杜月笙与姚玉兰结合肯定也有两情相悦的因素，但完完全全是杜月笙自己的想法，甚至可以说有个苦苦追求的过程。第一次见到演戏的姚玉兰，他就被她迷上，天天去捧场。到一定的时候，他便去后台，找机会与姚玉兰说些仰慕演艺的事情，来增强彼此的印象。后来，他干脆请黄金荣的大媳妇黄李志清出面做媒。因为黄李志清是黄金大世界的老板，又是女人，和姚玉兰母女有业务来往，日子一长，便成了闺中密友。

在婚后地位这个问题上，孟小冬听信了片面之词，以为真的可以和梅兰芳的二夫人平起平坐，所以在结婚仪式上，她听从安排，既不做喜宴，也不坐花轿，悄无声地做着梅太太。姚玉兰则不同，态度明了，嫁给杜月笙可以，但她绝不做小。杜月笙表态说，他一定要举行结婚仪式，和姚玉兰正式结婚，绝不把她当作偏房，他这样承诺更这样去做。

在婚后生活这个问题上，孟小冬完全放弃事业，被梅兰芳当作宠物藏起来，基本上与外界隔绝。当她提出想演戏的时候，梅兰芳居然以别人瞧不起为由予以拒绝。如此没有自由的生活，即使夫妻再恩爱，也会出现大问题的。当然，姚玉兰也放弃了自己的事业，但她没被杜月笙藏起来，依然有自己的独立生活，依然可以和票友们唱戏。这次赈灾义演活动，她登台演出，而且是和梅兰芳合作演出《四郎探母》，足见杜月笙的大度。

第二期义演的时间是 11 月 12 日到 23 日，为期十二天。为了搞好这一期的义演，杜月笙派专人去北京请来孟小冬、章遏云，和上海名票、名伶合作。第一期以梅兰芳挂帅，第二期以孟小冬挂帅。为了不让这对冤家碰面，在安排上，杜月笙是动了心思的。

可惜的是，孟小冬只演了八天就病倒了，后面四天无法再演。其实，相对于复出后在平津演出，小冬的表现已经很不错了。在平津演出，她是演三两场就要休息十天八天的。而这次，她是一连演了八天，所演之戏都是非常耗费体力的大戏。但话又说回来，这个时候孟小冬才二十七岁，正是年富力强的时候，似乎不应该是这样的身体。要知道，她刚到平津演出，一唱就是好几个月，而且是白天晚上连着唱。

时隔十年，她的身体怎么如此之差了呢？个中原因不难解释，都是梅孟婚变惹的祸！这场爱情悲剧可说是毁灭性的打击，让她的性情彻底改变，变得孤僻。其中，她还曾绝食，很大程度地损害了她的身体。信佛吃斋的生活，营养肯定供不上。还有，和当时的许多名伶一样，她也抽大烟。另外，嫁给梅兰芳后，她停演了四年多，一时之间，肯定很难恢复当初的情形。

尽管中途病倒，但是，孟小冬这次演出的成绩总体来说还是很不错的，给上海的戏迷们留下了深刻印象。

在孟小冬生病期间，作为东道主，杜月笙应该给予了关心。而且，这种关心肯定超出一般男女关系。否则的话，传记家们凭什么说姚玉兰早就看出杜月笙对孟小冬有意思？还有，一年之后，他们之间的关系为什么迅速升温，甚至同居了呢。

有资料记载，有一次孟小冬不舒服，在上海看了很多医生都没效果。于是，杜月笙就特派了一艘小火轮，去北京接来了一直给孟小冬看病的名医孔伯华。从上海到北京，一艘专门的小火轮，那得花多少钱？大亨杜月笙可不管，他有的是钱，为了孟小冬他乐意花这个钱。孔伯华到了上海一检查，发现孟小冬是冬令进补出了问题。于是，他给孟小冬开了个通气的小方子。很普通很简单的一个小方子，结果呢，孟小冬的病给治好了。杜月笙一高兴，便送了孔伯华十万大洋。在 20 世纪 30 年代，十万大洋可以在北京买到两套很不错的四合院。

出手如此阔绰，关切如此细心，足见杜月笙对孟小冬的看重！爱情，放在心里就是抽象的东西，可要化为行动，就得是具体的东西。说千万次我爱你，顶不上一次以爱为名的具体行动。面对杜月笙的真心付出，孟小冬不感动，那肯定是假话！

那一夜之后

　　杜月笙是黑道大亨，这个是事实。但他和纯粹的黑道大亨有所不同，那就是他的身上体现民族大义。可以这么说，他的前半生主要是在黑道上摸爬打滚，后半生则为抗日呼号奔走付诸努力。

　　宝马赠好汉，美女爱英雄，自古以来，就是如此。孟小冬虽说不是民国时期的第一大美女，但肯定是名列前茅者。看她的照片，不管是旗装照，还是便装照，无一不是光彩照人，貌美如花。时人撰文回忆，说当年平津的学生，文具盒中都是孟小冬的各式靓照，就是因为她太漂亮了。

　　所以，能让她爱上的男人肯定不是一般男人。比如说梅兰芳，他是民国四大美男子之一，是伶界大王。如果杜月笙仅仅是个黑道大亨，只是有钱，这还不足够让高傲的孟小冬和他走到一起。

　　和梅兰芳离婚后，一个何姓有钱人曾想讨孟小冬做小老婆，而且是他太太的主张。因为和他家来往比较密切，孟小冬虽不同意但没表示怎么反感，那个何姓男人以为有下文。可有一次，她双手叉腰站在屋门口，身穿短汗衫、白绸裤子，一只脚横蹬在栏杆上，拍着大腿痛骂何姓男人："你这个杂种！"

　　这时的孟小冬，没了一丝大家闺秀的样子，就像一个被惹恼了的泼妇。见到这个架势，旁边的人都不敢去劝架。他们猜测，肯定是何姓男人对她动手动脚，惹恼了她。何姓男人躲在屋里，自始至终不敢回嘴。

这个何姓男人是贵族后裔，家里很有钱。如果图这个，孟小冬做他小老婆未尝不可。可是，她不屑，因为那样的男人不是她喜欢的那种，她看不上。写到这，读者肯定明白了个中意思：杜月笙不只是有钱人，他还是个有钱的真男人。

抗战全面爆发之前，日寇阴谋侵略中国，处心积虑，无所不用其极。在全面发动侵略战争之前，他们已经深知杜月笙是东南一带的支柱，有极大的影响力。所以，日寇使尽手段想把他拉拢过去。1937年初，日寇海军军令部长永野修身访问欧陆，从日内瓦返回日本，途经上海，特意拜访杜月笙，说日本政府愿意斥资日币三千万元，与他合作办"中日建设银公司"。日寇的目的无非想利用这个搞乱中国的金融秩序，为其侵略张本。杜月笙知道日寇的用意，拒绝说："我是中国老百姓，要我和外国政府合作办公司，未免太不合体制了。"

永野修身仍不死心，继续施以诱饵，说："杜先生既然不便和日本政府合作，那么，就由杜先生个人出面组设公司好了。日本方面一定全力支持，作杜先生的坚强后盾。三千万日元，可以无条件提供给先生作创办资金。"

三千万日元，在当时，无疑是一笔巨大的款项。如果杜月笙接受，再利用日本人在华的侵略势力，他肯定可以赚大钱。但是，杜月笙坚持做人底线，始终不为诱惑所动。

在1932年的"一·二八"事变中，他发动民众支持十九路军抗击日寇；在1935年长江、黄河等流域发生大水灾的时候，他发动成立"上海筹募各省水灾义赈会"，筹集款项救济灾区；在全面抗战爆发前夕，他抵制日寇诱惑，拒绝办"中日建设银公司"。等等这些，表明杜月笙并非一个纯粹的黑老大。

大抵正是因为杜月笙爱国爱民族的大表现，打动了高傲的孟小冬，赢得了她的爱情——他们同居了。

未婚同居，在当今社会，已经见怪不怪，很正常的小事了。可在20世纪30年代，那可不是一般事情，非得提上婚嫁不可。难道，孟小冬已经爱上杜月笙，想嫁给他做五房姨太太了？

这个事情得从黄金大戏院开幕典礼说起。黄金大戏院本是黄金荣在1930年建成的，在上海市中心八仙桥。到1937年，黄金荣年届古稀，又经营多家戏馆，有些力不从心，杜月笙建议他将黄金大戏院租给金延荪。

黄金荣确实老了，加之是杜月笙提的建议，便一口应允。金延荪成了黄金大戏院的新经营者，便想搞个开幕典礼，扩大影响。照现在的说法，就是烧钱打广告。

金延荪是杜月笙的门生，但平日里彼此以兄弟相称，关系十分融洽。这个人头脑灵活，是个天生的生意胚子。他承包航空奖券获大利后，花了三十万美元，在杜美路建造了一栋花园式的三层楼房，献给杜月笙，以表忠心。这栋新楼装饰得富丽堂皇，底层客厅可摆五十桌宴席，足见面积不小。不过，杜月笙住杜公馆习惯了，一直没搬过去。后来"八·一三"事变爆发，日军攻占上海，杜月笙一家逃亡香港，所以这栋新楼杜家人没住过一次。

由此可见，金延荪与杜月笙的关系非同一般，难怪黄金荣爽快答应。别人帮了大忙，总得感谢感谢。房子送了，可人家没去住过一天。送钱，人家有的是钱，更嫌俗套。那做什么好呢？思来想去，金延荪想了一个法子，亲自去北京邀请孟小冬来上海参加5月1日举行的黄金大戏院揭幕剪彩仪式。

孟小冬不是什么政界要人，也不是什么大富翁，充其量就一名伶，怎么邀请她来参加剪彩仪式？这个，就有得琢磨了。其实，圈子里的人不难明白，说白了，金延荪知道他师父很喜欢孟小冬，想用这种方式讨他的欢心。

前面讲过，姚玉兰知道杜月笙很喜欢孟小冬。那么，她是怎么知道的呢？这个容易，因为他们是夫妻关系。丈夫打别的女人的主意，时间长了，做妻子的能不知道？不过，金延荪毕竟是门徒，关系最好，想知道师父这方面的隐私，还是有些难度。现在难度没了，那就是杜月笙的这个想法很明显，一定圈子里的人都知道。

姚玉兰知道了，金延荪知道了，圈子里的人知道了，孟小冬自己能不知道？这不可能！一个过来人，对一个频频示好的男人的心思能不体察？而且，像远在上海的戏院搞揭幕仪式剪彩，犯得着住在北京的她去吗？

但是，孟小冬去了，也就表明她是知晓杜月笙的心思的。接下来的事实就是明证：同去的还有两个美女，一个是名伶章遏云；一个是以唱梅（兰芳）派戏著称的陆素娟，崇拜她的人说她明眸皓齿，身段面貌有百美而无一疵，赞她是"天下第一美女"。她们两个住在旅馆，孟小冬住的则是杜月笙的四夫人姚玉兰的住所。

姚玉兰是杜月笙的夫人，她知道丈夫对别的女人有想法，怎么还"引羊入室"，让狼老公得逞呢？有资料说这是姚玉兰想找同盟军，对付杜月笙的苏州派太太。这个说法有点牵强，杜月笙是找老婆，不是找兄弟耶。杜公馆已经有三个女人要对付，再加的这个是友是敌，还不知道呢？如果是为了对付丈夫的姨太太，姚玉兰犯不着冒这样的险。所以，究其原因，应该是杜月笙自己的想法。姚玉兰是孟小冬的结拜姐姐，是办成这个事的最佳人选。那么，姚玉兰为什么不反对？反对肯定是有的，但反对无效。杜月笙讨姚玉兰做第四房姨太太，前面的三个太太也就是苏州派太太难道不反对？反对是有的，但反对无效。在这个方面，杜月笙与梅兰芳决然不同，他强势多了，容不得他的姨太太反对，也反对不了。

孟小冬接受邀请，来到上海，入住杜氏四夫人的住所，这事基本成了。剪彩之后，姚玉兰以要陪她为由，留住孟小冬。一天晚上，她让孟小冬陪自己睡，说是聊悄悄话。半夜时分，她出去了，进来的却实杜月笙。如果没这个想法，高傲的孟小冬绝对不会屈从这个安排，哪怕对方是黑社会老大。但这个深夜，高傲的冬皇没有反对，乖乖就范，玉体横陈，成了杜月笙的女人。

这个情节，有点像电影里的乌龙镜头：某某黑社会老大看上了某个漂亮姑娘，在某个晚上设置陷阱，想把她占为己有；某美女惧怕对方的势力，不敢反抗，只得就范。确实，有些资料里有这样的说法，说杜月笙是霸王硬上弓，用威逼利诱的方式把孟小冬据为己有，孟小冬不敢反抗，只好委身于他。

如果不了解杜月笙与孟小冬来往的前因后果，读者有可能会认可这种说法。如果了解杜月笙与孟小冬来往的前因后果，读者会对这种说法报以一笑，认为只是想当然罢了。当然，读者有怀疑的权力。如果还心存怀疑，请读者对这个事件留个印象，看以后杜月笙与孟小冬到底是什么关系。

次日早上，姚玉兰对孟小冬说："小冬，你留下来快活快活吧，都三十岁的女人了，还只身漂泊，要等到何时呢？你留下来，咱们姐妹合成一家，和那几个苏州女人斗！"

和孟小冬合成一家，与三个苏州女人斗？这样的想法太简单了，殊不知，在杜月笙的五个夫人中，他最爱的就是孟小冬。爱情是最自私的东西，容不得别的男人或者别的女人分享，否则，就不叫爱情了。对姚玉兰来说，一个潜在的更大的对手到了杜家！

从那以后，孟小冬留在上海，与杜月笙开始了同居生活。其乐也融融，其情也悦悦。似乎，稳定而又幸福的生活向她张开了怀抱。然而，这样的生活还不到三个月，一场毁灭性的灾难降临，又生生地断送了她的幸福生活！

大亨在抗日

1937年7月7日，卢沟桥事变爆发，日寇全面侵华。蒋介石被逼同意国共合作，一起抗日。见蒋介石宣布全面抗日，杜月笙马上响应，在上海救国会的基础上组织成立上海抗敌后援会。8月份，战火烧到上海，"八·一三"事变爆发，第二次淞沪抗战开始。

8月15日晚上，戴笠赶到上海杜公馆。一见杜月笙，他就连声说："杜先生，给你道喜来了！"说完，他递上一份东西。这是一份委任状，上面写着：特委任杜镛为军事委员会苏浙行动委员会中将主任委员，落款是"委员长蒋中正"。

戴笠说："这份委任状是委员长亲自书写的，很难得啊！"

得知这个情况，杜月笙又惊又喜，激动地说："委员长这么信得过我杜某人，我一定肝脑涂地，誓死报效！"话说出来容易，可做起来就不那么容易了。原来，这次的这个苏浙行动委员会中将主任委员不是个虚职，得做具体事情。根据戴笠的意思，得马上组织一支至少万人以上的新军，协助国军抗敌。

要是找打架的人，别说一万，就是个三五万，杜月笙一声喊，也可以在短时间里组成。可这是组编军队，在武装到了牙齿的日寇的大炮机枪飞机炸弹之下，叫黄埔滩上吃着小米穿着丝绸的少年郎，脱下便服，穿上军装，别离娇妻弱子，不经训练就扛着枪去打小鬼子，这现实吗？我杜月笙可以脱下这件长衫，当一名中将，可是，我能拖得动上万儿郎不惜抛头颅洒热血，为上海为国家牺牲吗？

戴笠看他沉吟不语，煞费踌躇，顿时便加重语气地说："这是一件很重要的事情，抗战前途，与此大有关联，所以，我离开南京以前，已经跟蒋委员长请示过了。委员长认为此事势在必行，他并且答应，所有的番号、军械、弹药、粮饷，都可以由中央颁发。"

一听中央，一听蒋委员长，杜月笙便眼睛一亮，心生豪气。既然戴笠兄弟极力主张，蒋委员长也认为势在必行，那么，不管成功与否，结果如何，我杜月笙就唯有尽量去做了。

经过杜月笙、戴笠，和其他相关人士的一致努力，他们在短暂的一两个月中，完成了中国历史上破天荒的奇迹，一支出生入死，百炼雄师仓促成军，人数多达一万余人。这支杂牌军，在后来掩护国军主力撤退时，起了重要作用。

从此，杜月笙进入了一生中最为繁忙最为紧张的时期。苏浙行动委员会的事情，救国公债募集的事情，抗敌后援会的事情……每天，他宵衣旰食，有数不清的访客要会，有数不清的事情要办。

好在有小冬陪伴，杜月笙不感寂寞。杜先生后来说"自抗战之后始觉有爱情"，这种甜蜜感觉应该就是从这个时候开始的。

后来，杜月笙接到蒋介石的一个任务：为了达到以空间争取时间的战略目的，要他发动上海各轮船公司，在江阴要塞附近的长江里沉掉一批轮船，阻遏日舰的攻势。

接到这个任务后，杜月笙马上行动，以上海市轮船工会理事长的名义召集会议，布置任务。为了起带头作用，会后次日一早，他就命自己经营的大达公司三艘轮船，开赴江阴，然后凿穿沉江。在他的带动下，很多公司老板响应，名下船只按计划开赴江阴江面，一一沉江。当然，也有轮船公司为了避免政府和军方征调，纷纷加入外国籍，挂外国旗。

通过历史教材，我们熟知一个抗日故事，那就是 88 师 524 团副团长谢晋元为了掩护主力撤退，率该团四百五十余名官兵孤军奋战，在苏州河边四行仓库一带坚守一个多月，史称"八百壮士"。当杜月笙得知驻守在四行仓库与日寇激战的谢晋元团缺食品时，他马上组织，仅用一天的时间就给他们团送去了二十万只饼。

随着时间的推移，淞沪防线越来越吃紧，上海随时有可能沦陷。为了日后接管上海，日寇派出高级军官，游说杜月笙，希望他留下来管理大上海。日寇认定，杜月笙绝不会离开他的根据地——大上海，绝对不会放弃他在大上海的庞大事业。确确实实，杜月笙在上海滩经营了近三十年，这里是他的安身立命之所。离开这里，他能干什么？

为了更好地掌握杜月笙，日寇派出大量特务，掌握了大量与他有关的情报。他们知道，他常会赌一场十万八万的牌，接济无数的朋友和穷苦人，一掷万金没有一点吝啬之意，他有一个庞大而又享富贵的家庭，他的家人跟着他没有吃过一天的苦日子。

还有杜月笙自己，作为上海滩的头号大亨，他肯定怕"龙游浅滩遭虾戏，虎落平川被犬欺"，离开上海滩，他能去哪里？更重要的，根据日本人的情报资料显示：杜月笙经济拮据，债台高筑，1937 年 8 月间，他积欠各银行和私人的款项，业已高达三百余万元。

"杜月笙绝对不会走，也走不了！"这是日寇综合各种情报得出的结论。所以，他们首先派出游说的人员也是二等货色。直到他们一一失败后，日本关东军要角板西八郎才登门拜访，施加诱惑，但也失败而去。随后，是日本大本营特务头子土肥原中将亲自出马。然而，他得到的答案也是拒绝合作。见软的不行，土肥原决定来硬的。

次日下午，杜月笙来到辣斐路辣斐坊 16 号，也就是他的四姨太姚玉兰的住处。正忙着，一阵烦人的噪音传来。姚玉兰一脚踏进客厅，清脆悦耳的京片子，却在说："今儿个可怪了，这架飞机，怎么直在咱们的头顶转呀！"

一句话，让杜月笙就是一惊，他眉头一皱，侧耳细听了一下。越听越不对劲，他猛地站起身，冲出门去，站到天井处。他以手遮着阳光，抬起头，朝天空眺望。果然，一架东洋飞机，贴着红色膏药，在房子上空绕过来兜过去，迟迟不肯离去。

看来，小鬼子动真格的了！杜月笙忧心忡忡地回到客厅，往沙发上一坐，不再理人。见此情景，徐懋棠知道是怎么回事，忙劝慰道："先生，您不用担心，土肥原只是逗逗威风，表示他能随时调动飞机，吓吓您，好让您就范。"

姚玉兰也劝道："说不定是小鬼子出来侦察什么，自从闸北江湾开战，咱们这里每天有人出出进进，肯定引起小鬼子怀疑。"

小鬼子敢这么猖狂，表示上海的制空权全在小鬼子手中。如果再不答应和小鬼子合作，他们在空中扔个炸弹什么的，绝对有可能。杜月笙想解释，见小冬一脸惊慌地站在一旁，便不说什么，只望着他们，苦笑一声。

客厅里静了些时候，东洋飞机依然在屋顶盘旋不去。忽地，徐懋棠双手一拍，兴奋地说："先生，我有个对付他们的法子。"

杜月笙看着他，说："什么法子，说来听听？"

徐懋棠说："先生，我最近在蒲石路买了一栋公寓，十八层楼的洋房。地点适中，房子也很讲究，先生和师娘何不搬到那边去住，一来避人耳目，二来十八层的公寓房子，先生住在中间，鬼子飞机即使再来，也是什么情形都看不出来啊。"

杜月笙一想，觉得这个主意不错，便问姚玉兰和孟小冬是否愿意。她们两个哪有不愿之理，连连点头。于是，他们立马行动，悄悄地住进了蒲石路的十八层公寓大楼。时间一长，上海人就称姚玉兰、孟小冬两个为"十八层楼太太"。

形势越来越紧张，杜月笙拒绝和小日本合作，接下来该做的事就是离开上海，远走香港。走之前，他问孟小冬愿不愿意跟着去。孟小冬谢绝了，拒绝的理由是来上海四个多月了，想念家人。当然，这是个原因，但更重要的原因应该是这个时候她无名无分，跟着杜月笙去香港，担心没好日子过。

见她不愿意，杜月笙没有强求，委托姚玉兰送些金银首饰之类的给她，以作义演酬劳。不过，孟小冬也谢绝了。

从第一次见到小冬，到现在待在一起，整整十八年过去。现如今，又得各奔东西，想来让人酸楚。杜月笙有些感慨，但忍着没说，只叮嘱小冬到了北京后，记得报个平安。就这样，孟小冬与杜月笙夫妇告别，带着不安离开上海，提前回了北京。

由于种种原因，淞沪防线全线崩溃。11月12日，军事委员会只得宣布"国军全部由上海战略转移"，第二次淞沪抗战结束。日寇低估了杜月笙的爱国情，高估了杜月笙留恋上海的心愿，虽然派了大量军警特务监视杜公馆，但没有控制他的人身自由。

1937年11月25日晚上，杜月笙一袭长衫，只身一人秘密离开杜公馆。然后，他和宋子文等人乘英国轮船离开上海，赶往香港。不久，四夫人姚玉兰、长子杜维藩夫妇、长女杜美如等几个子女逃脱日寇魔爪，先后赶到香港与他团聚。

香江密相会

到了香港，杜月笙利用他的影响力，迅速团结了大批爱国人士。蒋介石获悉杜月笙到了香港，很快就任命他担任"中央赈济委员会"常务委员兼港澳救济区特派员。

为了工作需要，杜月笙搬迁至九龙柯士甸道，里面设置"中国红十字会"和"赈济委员会"两个机关。在他的秘密安排下，很多日伪占领区的前清遗老、北府官员，甚至社会名流、文人学者逃离虎口，南下避祸；不能来的，杜月笙则派人按月送些钱粮，使得他们能安定生活，解决生活问题，以坚定心志，发扬正气，放得下脸去抗拒日寇的威逼利诱。除了这项工作，杜月笙还组织人员接受海外侨胞捐献的抗日钱物，然后转送汉口、重庆。

这个时期，杜月笙的抗日工作就从上海走向全国。上海滩的杜先生，俨然是中国的杜先生了！

即便工作如此繁忙，责任如此重大，杜月笙也没忘记留在北京的孟小冬。1938年春，杜月笙给留在上海的心腹、杜公馆的账房先生黄国栋发电报，命他写信给孟小冬，请她速去香港。可以想象，孤苦无依的孟小冬接到这样一封充满关切的信之后，内心是多么激动。于是，接到信后不久，她便去了香港九龙，与杜月笙一家住在一起。

一个提出邀请，一个马上赴约，两个人肯定是彼此思念，想见个面了。照杜月笙的意思，他应该是希望孟小冬留在香港，和他长住下去。不过，孟小冬没有长住，几个月后，应该是10月份前，又经上海回了北平。

孟小冬为什么不在香港长住？究其原因，不外乎这么几个：第一，她没有名分，长期和杜月笙长住，担心引来闲言碎语；第二，杜月笙在香港也是临时居住，搞不清哪个时候要离开（杜月笙在香港也只住了一年左右）；第三，应该是最重要的，这个时候杜月笙忙得团团转，长期待下去，她担心影响他的大事。

虽没有长住，不过，据黄国栋说，孟小冬去香港的时候只带了一个皮箱，回来的时候却带了五个皮箱。另外，杜月笙还特意写信叮嘱黄国栋，要他确保孟小冬的安全，尤其是皮箱别让日本宪兵搜查。

五个皮箱，就是一个男人从香港带到北京也不可能，更何况女流之辈。由此可见，从香港出发，杜月笙就应该安排人护送孟小冬到上海。到了上海，黄国栋又得安排人护送她们北上。杜月笙人不在上海，可影响力和势力依然在。很快，黄国栋搞到了一张小日本的"特别通行证"，毫发无损地把孟小冬一行护送出了上海。

五个皮箱里面是什么东西？当事人没有说，资料上也没有任何记载，世人不得而知。不过，我们可以这么假定：皮箱里有大量金银美钞。为什么这么假定呢？孟小冬和梅兰芳结婚四年多，就没有上过舞台、赚过任何钱。离婚后虽上过舞台，但次数极少，身体也不是很好，所以赚的钱肯定不多。当然，和梅兰芳打离婚公司的时候，杜月笙出面，帮她要来了四万块钱。但有资料说，她根本没要，也不想要。现在我们假定她接受了这笔钱，从1931年到1938年，七年过去，这笔钱应该用得差不多了。

而孟小冬从香港回北京后不久就拜余叔岩为师，学了整整五年。这五年，她基本上息演，父亲也病故，一家人要靠她吃喝，没有钱怎么过日子？所以，综上所述，香港之行，孟小冬应该带回了一大笔钱。小冬带这么多钱干什么呢？除了维持生计之外，她还想用这笔钱实现数年前的一个愿望，那就是拜须生泰斗余叔岩为师。知道小冬有这样的心愿，杜月笙能不尽心尽力帮她实现？

孟小冬拜余叔岩为师学习，是她个人的幸事，也是中国戏剧史上的幸事。

有人评论说："孟小冬的人生，虽然悲怆，却没浪费，没糟蹋自己的天分和勤恳，值了！"一个姑娘家，从十八岁到三十岁，应该是人生当中最为宝贵的青春年华；一个女艺术家，从十八岁到三十岁，也应该是艺术生涯中最为宝贵的青春年华。可是，在这十二年中，无论是婚姻，还是事业，她都过得很悲怆，可以说是呜呼哀哉。从三十岁开始，她的婚姻虽没多大变化，可她的事业出现了质的改变。要说她的人生没有浪费，其标志性事件当数拜余叔岩为师精进技艺。

余叔岩，京剧老生，与杨小楼、梅兰芳并称三大贤，他们三个代表了 20 世纪二三十年代老生、武生、旦角的最高艺术水平。名师出高徒，所以，能拜名师学习，应该是精进技艺的最佳方式。

说起余叔岩和孟小冬的师徒之谊，要从一出戏开始。孟小冬登"紧要启事"之后，心情大好，开始复出。在登台演出的同时，她开始钻研谭派、余派等名家唱法，精进自己的技艺。1935 年秋的一天，孟小冬在北平吉祥戏院与王泉奎、鲍吉祥合演《捉放曹》。这次演出，曾被闻人薛观澜（袁世凯的女婿）誉为冬皇的杰作之一。

冬皇复出，在平津一带引起轰动。因为孟小冬复出，在用余派的技艺演唱。所以，余叔岩想亲眼看看这个偷学他的戏的女子到底是个怎样的"须生之皇"。这次登台演出《捉放曹》，是孟小冬首次按鲍吉祥教授的余派唱法演出。开演后，余叔岩为了不让人发觉，悄悄地在剧院后排坐下。孟小冬的每句唱词，每一个动作，一板一眼，一招一式，他都看得认认真真仔仔细细。当孟小冬演唱到"杀曹"选段时，藏剑的身段、寻马和搬动门栓的动作，完完全全是余派动作时，余叔岩大吃一惊，心中暗自称许。随后的时间，余叔岩更是沉浸其中，随着孟小冬的唱腔点头击节，情不自禁地和观众一起喝彩叫好。可以这么说，余叔岩是发自内心地认可这位京剧天才。

其实，在这个小插曲之前，余叔岩和孟小冬之间的师徒之谊早已拉开序幕。

1934年年底，当时的北洋政府陆军次长杨梧山从上海赶到北平，北平警察局秘书长窦公颖为他接风洗尘。因为杨梧山和余叔岩的私交很好，窦公颖便邀请他作陪。当时，孟小冬在平津一带演出，很是轰动。窦公颖是她的戏迷，也把她邀请来了。

孟小冬向来高傲，不喜欢官场这样的场合，她怎么会赴窦公颖的场子呢？任何朝代，得罪当官的，都不是好事，这是其一；这次作陪的，除了她孟小冬，还有一个重要人物，那就是她崇拜的一代京剧大师余叔岩，这是其二，也是最为重要的原因。

前年，也就是1933年，孟小冬在天津欲拜言菊朋为师，后来没有拜成。言菊朋当时就对小冬说：“你来向我学戏，没有问题，但我没资格收你为徒，你唱得很不错，学我这路子，与你不对工。眼前只有余三爷（叔岩）文武不挡，可以教你。你的嗓音条件和戏路都和他接近，最好你去拜他为师。但余三爷为人孤僻，我没法给你介绍。”

一个孤僻，一个孤傲，师徒俩的性格倒是相合。不过，为了学戏，孟小冬放下孤傲的身段，托人向余叔岩恳求拜师学戏。这个时候的孟小冬已经名震京津，余叔岩自然听说过。虽然他未曾亲自去剧院听她的戏，但还是通过唱片和电台，听过她的演唱，认为她是块好料。他是有想法收她为徒，可余夫人（陈淑铭）反对，只得推说身体不好，没精力教戏，委婉拒绝。不过，他给孟小冬指了一条明路，建议她拜鲍吉祥为师。这样，孟小冬才正式拜鲍吉祥为师，学习余派唱法。

鲍吉祥是余叔岩的老搭档，余派的唱念、台上身段表演，他无不熟

悉。所以，孟小冬拜他为师，应该可以学到余派的技艺。在鲍吉祥的指导下，孟小冬的技艺确实有了长足进步，影响越来越大。

这次作陪能见到自己崇拜的大师余叔岩，孟小冬怎会不愿意？她欣然赴约，私下里还向主人说了欲拜余叔岩为师的想法。窦公颖是小冬的戏迷，也听说过她早想拜余为师的事，自然乐意玉成。在席间，他主动提出，说："余公，你看小冬对你敬佩得五体投地，她现在可是南北闻名的红角，还不收了这个徒弟！"

余叔岩只是笑笑，没有回答。见他没拒绝，窦公颖继续说道："上次因为三奶奶不乐意，所以没敢收。如今嫂夫人已经病逝，想必不成什么问题了。"

余叔岩说："小冬算是我的弟妹，我怎能收她为徒呢？"

余叔岩和梅兰芳的关系比较好，平日里叫他三弟。梅孟结婚比较隐秘，他是知道这件事的少数几个人之一。那个时候，他常和梅兰芳聚聚，见到小冬就叫弟妹。现在离婚了，可他来不及改口，依然以弟妹相称。孟小冬听了虽然不乐，可还是得忍着。没想到余叔岩竟然以这个为由拒绝，她有些气恼，不由一急，说道："不收就不收，什么弟妹不弟妹的。"

见她生气，余叔岩忙笑道："我也没说不收，不过内人过世，你来家中学戏诸多不便，人言可畏啊。"

这倒是大实话，余叔岩是男人，孟小冬是女人，瓜田李下难避嫌疑。杨梧山听了，马上说："既然有性别嫌疑，这个好办，你每天到我家来，给小冬说戏成不成？"

余叔岩还是笑了笑，摇头表示拒绝。孟小冬急了，说："如不收我为徒，我就要自杀了！"

这话很突兀，让余叔岩顿时一惊，不知说什么好。

杨梧山对余叔岩说："你可不要遭人命官司。这样忠心耿耿的徒弟打着灯笼也没处找。你就卖我一个老面子，收下吧！"

余叔岩不好再推托，勉强说："收了，这就收了，但对外不必声张。只要我有精神，就来这里给你说戏。"

几天后，拜师仪式就在杨梧山家里举行，点了香烛，孟小冬跪倒在余叔岩膝下。此后，孟小冬没有演出任务时，就常去杨宅，碰到余叔岩精神好的时候也来杨宅坐坐，师徒才有机会在一起排排身段，走走台步。此后两三年，孟小冬虽常到余府走动，但并未系统地学戏，师徒关系仍处在半明半暗的状态。

所以，这几年孟小冬和余叔岩之间并非严格意义上的师徒。一方面是孟小冬自己的感情纠葛，身心俱疲，无力无心去学；一方面是余叔岩不许公开师徒关系，不能正大光明地去学。

直到 1938 年，孟小冬从香港回来，机会来了。这个时候的她，已经彻底从失败的婚姻中走了出来，精气神都有。这年的 10 月 19 日，余叔岩新收了一个叫李少春的徒弟，在泰丰楼饭庄举行了很隆重的拜师礼。当时，有人为孟小冬鸣不平，说李少春一提出拜师，余大师你就答应了，还搞这么大的场面，可孟小冬很早就提出拜师，你却始终没答应，这明显是重男轻女。

听到这样的质问，余叔岩有些不好回答，只得辩解，说当时主要是考虑梅兰芳是自己的好友，而孟小冬又是女演员，收这样的女徒弟自己夫人反对。

有好事者说，现在余夫人故去了，这个阻碍没了，你总可以答应了啊。

余叔岩本就欣赏孟小冬，现在各方面条件也成熟，之前本有师徒名分，这次答应只是让这种关系公开化罢了。于是，他在 10 月 21 日，也在泰丰楼正式向外公布收孟小冬为徒弟。

从金屋藏娇时图消遣听余叔岩的唱片开始，到喜欢上余派唱腔想拜其为师，到正式拜余叔岩为师学艺，整整经历了十年。十年的功夫，梅孟的婚姻没了，中国大片国土沦陷了，可孟小冬对艺术的追求没有变。可叹，小冬的失败婚姻；可敬，冬皇的艺术追求。

艰辛学艺路

孟小冬拜师的过程是艰难的，但其学艺的过程更不容易。这个不容易，体现在哪些方面呢？

首先，余老师的作息时间黑白颠倒，喜欢白天睡大觉，到傍晚时分才起来办事。余老师不知道是什么原因养成的习惯，可能是民国时期大师级别的人往往也是怪人吧。

如果与余老师不搭界，这个习惯倒也无妨，影响不了谁，可孟小冬是拜他为师，得学技艺。因此，她的作息时间就得跟着余老师这个习惯而改变。每天下午，她先请余老师的琴师王瑞芳陪她吊嗓练唱。然后，她在晚上七点左右赶到余老师家。到了余家，余老师并不是马上上课，这个没定数，要看他的时间，要看他的身体，更要看他的心情。要是这三个条件都具备了，等他抽足大烟，养足精神，授课也就开始了。

所以，孟小冬每天晚上七点准时到，半夜上课，凌晨离开余家。有的时候，她走出余家，抬头一望，东方的天上露出了鱼肚白。隐隐的，太阳似乎要冒出来了。这样的求艺，如果是一天两天，咬咬牙，还是能够挺过去。可是，要是长时间地坚持，对于一般人而言，绝非易事。但是，孟小冬坚持卜来了，而且一学就是整整五年。

其次，余老师特严，严到苛求的地步。初秋的晚上，余家人来人往，很是热闹。送走最后一批客人，已经是后半夜一两点。余叔岩从房间出来，伸了个懒腰，感觉精神不错，便走向庭院。

庭院里，孟小冬、李少春、袁世海等人在那里复习前日学的内容。见余老师来了，忙停下来，等待授课。余老师坐下，扫视了一下大家，说："今晚学的内容是《战太平》，这个戏是武戏，先少春学，小冬、世海在一旁看。"说完，他简单地把剧情讲了讲，就剧中要注意的地方点了点。然后，他起身，拿起马鞭，示范头一场花荣回府时出场的身段动作。

这样之后，余老师才要李少春模仿动作走一走。李少春接过老师手中的马鞭，念一声"回府"！余老师口念《水底鱼》锣鼓点儿，少春出场到"九龙口"亮相，再"打马"到台口，又加鞭"勒马"站住。就这几步，李少春走了好几遍，总是达不到要求。

少春今晚怎么了，这么几步都走不好？见李少春走得不好，袁世海在一旁看得焦急。余老师见了，便招了招手，示意他去。袁世海早就跃跃欲试，于是毫不含糊，接过少春手中的马鞭，走了起来。没想到余老师看了，又是连连摇头，连声说不行不行。然后，他指出问题的关键，就是他们两个的走步都没有根据剧中人物的性格、心情去走步。余老师一边分析剧中人物的性格，一边示范走步。

李少春本已走得汗流浃背，现在听又听得额头直冒冷汗。站在一旁，孟小冬虽没有走步，可也感觉身上汗津津的，很不自在。忽地，她想起谭福英来。他拜余叔岩为师，刚开始主动要求学《战太平》。学这场回府的戏时，连学了数十遍，也达不到余老师的要求。反反复复学了好几天，他也不能全部领会，仅仅开了个头，就没有下文，不再去学了。谭福英十二岁进入富连成科班学习，从小受到他爷爷谭鑫培的影响和严格教育，按理来说应该有比较深厚的学戏基础和耐挫能力，但还是没过余老师的严厉关，半途而废了。可见，余老师的严厉非同一般，可以说到了苛刻的地步。今儿个见了，确实如此。孟小冬暗自出了把冷汗，也暗暗下了决心，绝不步谭福英的后尘，半途而废。

第三，余老师的教授方法奇特，一般学生适应不了。比如说，余老师讲课的时候，当学生的不能坐，得站着。这个还好说，年轻人只要身体好，站个几十分钟还是受得了。小冬当时虽然是三十出头，还属年轻人，可身心受过严重打击，身体不是很好。但为了让余老师高兴，她咬牙坚持着，站着唱着演着，一个晚上那是好几个小时。还有，余老师讲课，不喜欢学生做笔记，他希望学生用心默记。这个就有难度了，一般资质学生哪有这个本事？就是资质高的学生，要想当场消化所学内容，也绝非易事。孟小冬自认为资质一般，这个对她来说就是高难度了。

这个问题不解决，学的东西就会大打折扣，事倍功半。很快，孟小冬就找到了解决问题的窍门。

之前不收孟小冬做徒弟，余叔岩主要是为了避免惹是非；现在收了孟小冬做徒弟，他更要避免惹是非。鉴于此，在正式给小冬传授《洪羊洞》第一课时，他把女儿慧文、慧清叫来，说："你们冬哥（即孟小冬）学戏时，希望你们一起参加，也可以跟着一起学戏，但不是要你们下海，你们还是以学业为重，高兴时听听，不高兴就看自己的书。"

当时，慧清、慧文都是春明中学的高中生，与后来的电影明星白杨、作家林海音是同窗学友。余慧文的音乐兴趣不及慧清，但同慧清一样要有兴趣地陪着小冬学了起来。孟小冬比她们姐妹大，俨然是大姐，刚开始的时候，隔不了几天就给她们姐妹买东买西，有时是花布料，有时是漂亮头饰，使得姐妹俩很感亲切，很乐意帮她。

当时，梨园行用的是公尺谱，高中生的余慧清学会了先进"武器"——简谱。余老师讲课之时，孟小冬站着学，余慧清坐在一旁，用简谱把父亲说的腔调记录下来。下课后，孟小冬就可以对照简谱复习所学内容。这样一来，孟小冬基本上能记住所学内容，大大提高了学习效率和效果。

"苦""严""奇"，是孟小冬拜师学艺道路上的拦路虎，但她一一克服，并把其当作成功道路上的催化剂。说了孟小冬拜师学艺方面的不利因素，该说说有利因素了。

在文学创作方面，有"穷而后工"的说法。就是说，诗人在遭遇挫折甚至不幸的时候，往往更能激发创作才华和才情，写出更好的诗作。不幸，是失败者的墓志铭，是成功者的垫脚石。任何事情，都有它的双面性，不幸于人来说同样如此。在遭遇失败婚姻的打击之后，孟小冬绝望过，甚至自杀过，后来又遁入空门，吃斋念佛。这些是磨练。当你挺过了这些磨难，你就会成为一个全新的人，当你挺不过这些磨难，你就被磨难杀死，成为磨难的牺牲者。幸运的是，孟小冬挺过了磨难，成为全新的人。在她真正拜师学艺的那一天开始，她就决心斩断一切欲望，心无旁骛地去学。这一点，她应该做到了。

跟着余老师学了近两个月，李少春学成《战太平》，孟小冬学成《洪羊洞》。学成之后，两个人都搞了汇报演出。12月3日夜，李少春在新新戏院公演《战太平》。当时的海报上还写着"拜余叔岩为师后初次公演"。海报出来后，北平饭店、六国饭店几乎住满了从上海、天津等地赶来的戏迷观众。演出那天，戏院爆满，演出获得巨大成功。

12月24日下午，孟小冬也在新新戏院公演《洪羊洞》。午饭后，余叔岩早早来到戏院后台。他先到下场口，看卖座如何。见里面人头攒动，没有一个空座，他吁了口气。然后，他又来到化妆室，迎面只对小冬说了一句"杨六郎快死啦！"话只一句，可很紧要，意在提醒小冬要唱好《洪羊洞》就得围绕这句话做文章。

孟小冬当然明白老师的提醒，在排练时余老师就强调小冬唱六半调，不准唱正宫乃至乙字调，就是因为杨六郎病重"快死啦"的缘故。主人公病重，站都站不住，哪里还有气力高唱入云的唱腔。接着，余老师又看了孟小冬自己化好的妆。他不满意，要小冬重新洗脸，亲自为她化妆。他只是很简单地在小冬脸上敷了层粉，又在眉毛之间与额头部位淡淡抹上一点胭脂，随后用热毛巾在小冬脸上一盖，叮嘱说："记住，这个热毛巾太重要了。你以后扮戏，千万别忘了这把热毛巾。"果然，经过热毛巾敷盖后，小冬的脸显得非常鲜明泽润。

这次公演，比李少春的公演效果更好，可以说轰动京城，誉满全国。作为老师，余叔岩自然高兴，对小冬说："今天很好！以后你要学任何戏，找我说吧。"

几乎同时拜师的两个人，在学了一出戏之后公演，都取得了很好的效果，这表明学生是好学生，老师更是好老师。余叔岩打心里高兴，希望两个高徒能再接再厉，潜心苦学，他愿意把平生所学全部教给他们。遗憾的是，为名利所累，李少春打了折扣，没有持久而系统地学艺。孟小冬则不同，虽然她青出蓝胜于蓝，正是登台演出赚大钱的好时机，可她遵循师训，学艺期间，除了余老师认为有必要的公演，便在他的把场之下，才偶尔登台实践、体会罢了。

抛弃名利思想，去除一切欲望，这是孟小冬能潜心学艺的第一个有利因素。

第二个有利因素是她有一根助学的拐杖——琴师王瑞芝。王瑞芝比孟小冬小一岁，满族，原来是言菊朋的琴师。一次，余叔岩的挚友张白驹去前门外广和楼看言菊朋的《碰碑》，发现他的琴师王瑞芝手音特好，大方而又规矩，便请他帮自己吊嗓。孟小冬听说后，她也请他帮自己吊嗓，从此王不离孟，孟不离王，长期合作。余叔岩听说后，也请他去试试，感觉不错。从此，王瑞芝又成了余老师的兼职琴师。

如果那个时候有街拍，好事者肯定可以拍到这样一幅景象：下午3点左右，王瑞芝骑着一辆黑色弯把自行车，鼻梁上架着一副墨镜，腰间别着一把胡琴。嘎吱嘎吱地骑数十分钟后，他赶到东四三条孟家。然后，他放好自行车，取下胡琴，开始帮孟小冬吊嗓。一般吊三出戏：一出二黄，一出西皮，再一出反二黄。时间为三个小时左右。

吊完嗓子，时间大约是下午6点。在孟家吃完晚饭，稍微歇息一下，7点左右，两个结伴出门。孟小冬坐自己的包月洋车（人力车），王瑞芝依然骑自行车，不快不慢跟在后面，半个小时左右便可赶到宣武门外椿树头条的余府。晚12点左右，余叔岩忙完所有事情，开始授课。授课完毕，已经是次日凌晨。王瑞芝又骑着自行车，护送坐包月洋车的孟小冬回家之后，他才回自己的家。

街拍拍到的是某个时候的情景，可是，这样的情景，王瑞芝、孟小冬上演了整整五年，不管天寒地冻，不管夏日炎炎，不管风霜雪雨酷暑灼日，基本上天天上演。由此看来，王瑞芝不仅是孟小冬的专职琴师，还是她的专职护花使者。两人的关系超越了异性朋友的关系，即便是亲弟弟，也难以做得如此出色。一个专心致志地学，一个尽职尽责地帮其吊嗓，巩固学习成果，日复一日月复一月年复一年。即便是一般人，五年的磨练，也可以有巨大收获，更何况是聪明绝代的冬皇？

除了这两个有利因素之外，还有一个当时不足为外人道现在可以宣扬的有利因素，那就是大亨杜月笙的暗中资助。

李少春拜余叔岩为师，在当时是一件很轰动的事。为什么呢？场面大啊！为了儿子，李桂春在泰丰楼搞了好几桌，举行拜师仪式。拜师的那天，他投余叔岩所好，送上等烟土五十两，另送余老师四季衣料、一件水獭皮大衣、一顶水獭皮帽；另外，师娘、余老师的两个女儿、用人们等，都送了礼物。据说，前前后后李家花了几千块大洋。

李少春带了头，孟小冬拜师也总得表示表示，花费不少。还有，刚开始的一段时期，她到余老师家，没空过手，总是给师娘、两个师妹带上一些布料、头饰之类的物品。拜师后半年，余老师续弦，举行婚礼。为讨新师娘的喜欢，孟小冬送了不菲的礼。还有，慧文与刘如松结婚，她送了全套家具；慧清与李永年结婚，她送了全部嫁妆。除此之外，孟小冬还有一家人要靠她生活，每日的费用肯定不少。

整整五年的拜师学艺中，孟小冬极少登台演出，更不用说赚钱了。然而，她要生活，更要开支。这笔庞大的费用从何而来呢？很明显，她唯一的依靠就是杜月笙。1938年她去香港，从杜月笙那里带来了一大笔钱。可这笔钱，要维持五年的高消费，只怕也不可能。一年多后，杜月笙离开香港，后来转到重庆。他听说孟小冬拜师余叔岩，很是高兴，利用自己与北平做物资交易的机会，经常托人给她捎些钱物，甚至是烟土之类的物品。

北宋政治家王安石曾经说过，他认为要想干成一件事，得有三个方面的因素，即"志、力、物"。志是第一位的，其他两个因素也不可缺少。孟小冬学艺的志向很明确也很坚定，她的精气神也基本恢复，但是，如果没有杜月笙的物质支援，她的学艺路只怕难以走到底。

在 20 世纪三四十年代那样的乱世，孟小冬能五年如一日地去学艺，确实值得敬佩。但同时，她衣食无忧、心无旁骛地追求着自己的梦想，又让人感到那样的生活只有童话世界里才有，恍若那不是在日本蹂躏之下的北平，而是陶渊明笔下的武陵桃花源。

小西安事变

西安事变，这个历史事件，读者一般都了解，甚至能说个子丑寅卯来。不过，民国历史上还有个小西安事变，读者就不一定清楚了。西安事变针对的是蒋介石，结果是国共第二次合作形成，中国抗日新局面打开；小西安事变针对的是汪精卫，结果是中国人民形成全所未有的团结，一致抗日。

张学良，这个曾经的不抵抗将军，因为西安事变，所有的耻辱去掉，作为一个英雄形象载入史册。可是，小西安事变的幕后策划者——杜月笙，却不曾写入历史课本，鲜有人知。

这个事，就从 1939 年的秋天说起吧。这日下午，杜月笙正在自己的私人办公室忙事，猛一抬头，发现徐采丞站在办公桌前。

杜月笙避祸香港后，在上海留了许多心腹干将，其中有两个最为重要的人：一个是万墨林，他是杜月笙的姑表弟，杜公馆的管家；一个是徐采丞，他本是《申报》老板史量才的干部，后来列入杜氏门下，成为恒社的中坚分子。他们两个留在上海，一个主内，一个主外，代表杜月笙管着上海的大小事务。

为了许多机密事情，徐采丞经常往来于香港和上海。这次，他离开香港没几日，怎么又回了？杜月笙有些纳闷，诧异地说："采丞，你不

是刚回上海吗？怎么又回了？"

"有件紧急大事，不得不马上返回！"徐采丞急忙从口袋里掏出一张纸条，递给杜月笙。

杜月笙接过纸条，见纸条上写着：高决反正速向渝洽。这八个字，有些像电文。杜月笙弄不明白，捏着纸条，看着徐采丞，等他解释。徐采丞喘了口气，接过用人递来的茶水，喝了一大口，开始解释。

纸条上的高，指高宗武，他早年留学日本，抗战前期进入外交领域，二十九岁便担任国民政府外交部亚洲司司长，有名的日本通。这段时间，他背叛蒋介石及其所主导的政府，作为汪精卫的代理人和日寇频频往来，想建立以汪为首的日伪政权。因为这个原因，重庆方面把他定为汉奸，下令通缉。反正，意思是他离开汪精卫，重新回到蒋介石阵营。

高宗武是汪精卫叛国降日的经纪人，突然之间，他为什么要反正，投奔重庆政府？原来，他在1939年5月31日跟随汪精卫到日本，发现汪以签订卖国亡国的《日汪密约》为条件，去换取日寇帮其建立汉奸伪政权。这个《汪伪密约》的条款，比"二十一条"更为苛刻，是赤裸裸的卖国行为。见到内容后，高宗武和同去的汪伪政权中央宣传部长陶希圣深感罪责滔天，决心脱离汪伪汉奸集团，投奔重庆政府。因为事关重大，他想通过杜月笙的帮助，平安逃出上海，又得保证重庆方面不咎既往，许他将功折罪。

原来是这么回事！明白高宗武反正的原因后，杜月笙陷入沉思。高宗武不想当汉奸，诚然值得帮助。可是，他已经走上了这条路，帮他反正的意义又有多大呢？忽地，他想到了一个问题，不由问道："高宗武是实质办理汪伪交涉的人，他若反正，那么，汪精卫和日本人签订的密约内容，是不是可以带出来，公之于世呢？"

徐采丞想了想，肯定地说："只要他想，应该没问题。"

杜月笙听了，霍地站起身来，双手一拍，兴奋地说："采丞老弟，这件事关系抗战前途，国家大局，确实值得一试。你在香港待两天，我马上乘飞机去重庆，面见蒋委员长。"

凭着一种敏锐的政治判断，杜月笙感觉到这个事件的重大意义。1939 年 11 月 5 日，杜月笙自香港直飞重庆，拜见蒋委员长，请示高宗武反正事宜，看如何处理。

连杜月笙这样的江湖大佬都知道高宗武反正的重大意义，作为老政客的蒋介石就更不用说了。他当即表明态度，要杜月笙全权负责，妥善安排好相关事宜。得到这个指示，杜月笙自然高兴，马上返航。

不料，飞机在半路上遭到日寇军用飞机追击扫射。为了逃命，飞行师驾着飞机拼命盘旋攀高。当时的民航机没有空调，没有现在这样保证安全的设备，机身爬得越高，旅客越不舒服。当民航机爬到八千米的高空时，空气极度缺氧，杜月笙只觉呼吸困难，近乎窒息。后来，他实在受不了，索性闭上眼睛等死。

民航机驾驶员的技术实在高超，一番翻腾揉升，竟把日寇军机摆脱。这一飞机的人是保住了性命，可杜月笙惨了，依然喘着粗气，直不起身。下飞机的时候，他被抬下飞机，直送医院抢救。虽经治疗，杜月笙保住了性命，但从此留下了让他痛苦十二年的气喘病，严重损及他健康的病，最后夺走了他的性命。

就在去医院的路上，杜月笙秘密授意徐采丞，命他即刻回上海，办好两件事：第一，请黄溯初先生速来香港，与他当面接洽；第二，转告万墨林他们，只要高宗武说声走，便不惜一切代价，务必把他和他的家眷平安无事地送到香港来。

第二天，徐采丞就动身回上海。不出十天，黄溯初如约而至。大病刚愈的杜月笙亲自把他接回住处，与其长谈。为了更好地说明事情，黄溯初亲笔写下高宗武三度赴日的种种经过，中日密约的要点等内容。然后，杜月笙带着这份报告，冒着生命危险，拖着病体再飞重庆。

这次出行比较顺利，杜月笙还带回了蒋介石给高宗武的亲笔信。有了蒋委员长的亲笔信，他更有信心办妥这件事。回港后，杜月笙马上安排心腹，带着这份亲笔信去上海，秘密交给高宗武，好让他吃了定心丸，不再生异心。接下来便是帮助高宗武、陶希圣以及他们的家属逃离狼窝，要想在日伪戒备森严的情况下办成这件事情，谈何容易！而且，为了弄到证据，高宗武决定等 1939 年 12 月 31 日《汪伪密约》签订后，盗出原本，献给重庆当局。所以，营救的具体日期推到第二年 1 月 4 日才进行。后来，在杜月笙的帮助下，他们的家属也顺利逃到香港。

1940 年 1 月 21 日，《汪日密约》及其原文附件的照片在报上刊出，轰动了整个世界，让欧美等西方大国放弃了对日本的美妙幻想，更让中国民众认识了日本欲灭亡中国的罪恶企图。

小西安事变从酝酿到结束历时四个多月，据资料记载，当时共产党的地下组织也获悉了高宗武、陶希圣想反正的事情，给予了力所能及的帮助。所以，日伪特务、重庆方面的特务、杜月笙的黑帮组织，还有我党地下工作者等力量围绕着高陶反正事件，上演了一幕又一幕的好莱坞大戏。

得知杜月笙是小西安事变的幕后推手时，汪精卫咬牙切齿地说："杜月笙，我和你有什么难过？你竟然这样对付我！给我除掉他！"随即，他命令日伪 76 号特务机关头子李士群专程赶到广州指挥，派遣杀手，潜到香港行刺。幸亏杜月笙早有防范，杀手不能得逞，只得放弃。

鉴于杜月笙在高陶反正事件中的积极表现，蒋介石决定重用他，因为这个时候他正需要一个能够统一上海各方面力量的人物。上海沦陷后，国民党派中央组织部副部长吴开先潜入上海，处理敌后工作。但因国民党在上海的派系众多，又加之上海帮会林立，他根本领导不了，无法开展工作，只得放弃。了解情况后，杜月笙向重庆当局建议成立一个总览子机构，全面负责上海的敌后抗日工作。

蒋介石接受了这个建议，决定成立以杜月笙为主任、吴开先为书记长的上海敌后统一工作委员会，统一指导上海的国民党、三青团、军统、中统等势力及帮会组织。

上海敌后统一工作委员会在杜月笙的领导下，做了许多有积极意义的工作。其中意义最大的，是竭力劝导上海有头有脸的人物、知识分子、专业技术人员逃离上海，不做日寇帮凶。愿意走的，他们一律妥善安排，把这些人偷偷接至香港，再送到后方，充实抗战力量。不愿走的，他们给予一定钱物，让其生活有着落，不与日伪合作。

后来，吴开先回忆，说汪伪时期上海金融界的有头有脸人物，没有一个敢参加日伪金融组织，这应归功于两个人：一个是孔部长（孔祥熙），一个是杜先生（杜月笙）。

张大帅末日

在杜月笙的一生中，他有许许多多关系密切的人物，或黑道或白道，或老百姓或达官贵人，上至总统总裁下至流民贼寇。但若论其重要性，女人当数孟小冬，其次是林桂生；男人当属黄金荣，其次是张啸林。

因为林桂生和黄金荣是夫妻，就放到一起来说说。黄金荣本是上海滩的小混混，因为需要，进法租界当了包打听。有资料说，林桂生本是一个烟花女子，见到黄金荣后，认为他是个人物，便嫁给他为妻；还有资料说，林桂生本是黄金荣上司的老婆，有一次串门，她见黄金荣一表人才，便心生爱意，和他私奔，结为夫妻了。反正不管怎么说，林桂生是看上了黄金荣这个人，而不是其他原因。这个林桂生，嫁给黄金荣后，为他出谋划策，开赌馆贩烟土，大发横财。可以说，黄金荣的发达，离不开林桂生这个女人。有人评价说林桂生是女白相人中的鼻祖，可见她能量之大。黄金荣一直听她的，出入酒馆青楼，也还是不敢生花心。可是，当黄金荣年过半百的时候，他倒是花起心来，迷上了女伶露兰春。这个露兰春，是黄金荣的劫数，更是林桂生的劫数。因为她，林桂生与黄金荣几十年的恩爱夫妻化为乌有。最后，她被赶出黄家门，在孤独和痛苦中度过余生。

杜月笙的发迹，离不开黄金荣夫妇的提携。特别是林桂生，在杜月笙起步的时候，她更是给了他莫大的关照。她不只是给他锻炼的机会，见他二十好几还没成家，还给他物色对象，把曾在身边梳头发的姑娘沈月英嫁给他。对于她，从小失去双亲的杜月笙是发自内心地感激，把她当做师娘，更把她当做大姐。在她落难时，他不忘旧情，在西摩路为她购置了一幢房子，室内家居摆设尽量保持林桂生在黄公馆的式样。后来，露兰春弃黄金荣而去，黄金荣过了一段心如死灰的日子。慢慢地，他念起林桂生的好来。可是，林桂生生性高傲，再也不愿回头。日后，心生后悔的黄金荣，在黄公馆栽了六百棵桂花树，以此来表达他对结发妻子的思念和愧疚。

黄金荣在女人问题上昏了头犯了错，后来能有所悔悟，不犯同类错误，善莫大焉。不过，他在民族大义上，倒也清醒，没犯过原则性错误。第二次淞沪会战失败，蒋介石担心上海三大亨落入日本人手中从而变节，便派人传话要他们速去香港。

对于这个安排，杜月笙没半分犹豫，还积极做黄金荣和张啸林的工作，劝他们也速速逃离上海。黄金荣、张啸林都舍不得上海的家业，留在了上海。不过，在日寇的威逼利诱之下，黄金荣和张啸林走了不同的道路。

当杜月笙上门做工作的时候，黄金荣叹息一声，说："月笙老弟，我都七十岁的人了，半截身子已经入土，更何况身体还有病，我是不打算走了，就待在这里。"

杜月笙说："大哥，您要想清楚，小鬼子早就惦记上您了。万一，他们请您出山，怎么办？"

黄金荣说："这个你放心，我绝对不会当汉奸的。都要死的人了，还留下骂名，遗臭万年干吗？"

确确实实，黄金荣说到做到了。1937年12月，日寇在浦东扶植成立"上海大道市政府"。为此，日寇驻华海军武官佐藤少将上门做工作，请黄金荣出任上海大道市市长一职。上海已在小鬼子手中，断然拒绝肯定会惹来麻烦，甚至是杀身之祸。怎么办？流氓有流氓的法子！黄金荣赶紧打了一针事先备好的药。一针下去，他的体温马上剧降，大热天要穿棉袄，全身哆嗦。佐藤来到卧室，向黄金荣表明来意。黄金荣颤着手，说："我年老多病，你看，大热天穿着棉袄还嫌冷，连路也走不稳，手脚乱颤，这个样子哪里当得了市长！再说，我也不识字啊！"这番推却，倒也合情合理，让佐藤不好再说。后来，小鬼子就没再登门，让黄金荣安心在家养病。

装病巧拒当汉奸，这是黄金荣的做法。这样做，并非唯一，有很多次。1939 年 9 月，大汉奸汪精卫来到上海，准备组织傀儡政府。黄金荣是跺跺脚就会让上海滩颤两颤的人物，自然成了汪精卫重点"策反"的对象。他先亲自登门拜访黄金荣，希望他出山帮助他。后来，他又设置私宴，邀请黄金荣参加，以示亲近。"抗战必败，中国必亡"！当时，这种言论甚嚣尘上，上海更是日本鬼子的天下，而汪精卫俨然是日寇统治中国的代理人。那些利欲熏心之徒，对于汪精卫这种示好，自然会感激涕零，图报知遇之恩。但黄金荣不这么认为，他依然秉承基本原则，坚决不当汉奸。在宴会上，他装病倒地，全身哆嗦，趁机离开。

对于日寇的威逼利诱，张啸林却表现出全然相反的姿态。杜月笙同样上门做过张啸林的工作。黄张二人的性格，两个人的价值取向，昭然若揭，堪称经典。

"八·一三"淞沪抗战一开始，张啸林就把家中所有的珠宝、钱财等东西统统存入国际大饭店的地下金库，然后去了浙江老家莫干山。这个时候上海正是酷暑，正是战火纷飞，他去莫干山，既避暑又避难，一举两得，亏他想出这样的高招。在莫干山住了几个月，张啸林已经和日本人亲热上了。听说上海战事即将结束，他急忙赶回上海，处理相关事宜。

杜月笙正准备去香港，听说张啸林回上海了，急忙上门做劝说工作。一见面，杜月笙就开了玩笑说："二哥，你真会掐算，上海战事一起，你就去莫干山避暑。上海战事一停，你就第一时间回来享福。"

张啸林抬起烟枪，抽了几口大烟，好好享受了一通，才说："我才不管打不打仗，我过我的神仙日子。"

杜月笙说："东洋人就要打进上海滩了，你还留在这里？"

张啸林把烟枪一放，瞪着眼睛，说："那能怎样？东洋人还打进法租界？既然不会进租界，你喊我跑个啥？"

"话是这么说。"杜月笙不无担忧地说，"东洋人占了上海，法租界就成了孤岛，我们总不能困在这里，十年八年不出这几条大街啊！"

上海青帮两大亨，就离不离开上海展开激烈辩论。见劝不动张啸林，杜月笙只得以兄弟情义相劝道："啸林哥，你我情同手足，不论生死都要待在一起，你还是同我一起走吧。"

张啸林皱了皱眉，说："同你去哪里？"

杜月笙说："香港。"

张啸林说："你香港有田？有地？开得有银行？办得有厂子？"

杜月笙说："我什么都没有，但中央政府要我们去。"

张啸林冷笑一声，说："中央政府给你几个钱一月？"

杜月笙说："啸林哥，你晓得我这辈子都不会做政府的官的。"

张啸林说："那么，你要我跟你去香港做什么？去跳海？"

杜月笙说："不，啸林哥，少年弟子江湖老，有道是在家靠父母，出门靠朋友。"

张啸林说："你忘记了，月笙，你和我一样，这一生一世都没靠过父母。我们的吃喝用度都是靠自己挣的，我们的花花世界，都是靠自己打出来的。"

杜月笙说："就是说嘛，啸林哥，我们到了香港，一样可以办事业，办厂子啊！"

"你省省吧，月笙！"张啸林把手里的烟枪"啪"的一声丢在烟盆里，"你倒给我说说，东洋人有哪点不好？"

"啸林哥，你不必考我。"杜月笙说，"你要我说东洋人的坏处，我只说一件，那就是自古以来，我们中国人从不曾跑到东洋去杀人放火，开枪放炮！"

张啸林说："我再问你一句，月笙，东洋人对于我们，会不会有什么好处？"

杜月笙答得斩钉截铁："就算有好处，那也是毒药！"

"即使是毒药，终归是好处！"张啸林却把话倒转过来，"月笙，人各有志，你走你的阳关道，我走我的独木桥。我要对你说的，就是几句俗话了。你两眼不观井中水，一心只想跳龙门，谨防物离乡贵人离乡贱，剃头担子一头热，我只巴望你不要有朝一日懊恼起来，热面孔贴了冷屁股。"

张啸林放不下他的花花世界，铁下心来留在上海滩，继续他的升官发财梦想。为什么他的态度如此坚决？原来，在莫干山，他就已经和小鬼子勾搭上了。他回上海，只是想继续和小日本加强联系。很快，他和日本特务机关头子土肥原中将勾搭上，而且过从甚密。

1939 年夏，张啸林成立"新亚和平促进会"，公开投日寇。为了讨日寇欢心，他大肆出卖国家利益，胁迫各行各业的人与日寇共存共荣，残酷镇压抗日救亡活动，捕杀爱国志士。汪伪政府成立后，他又开始打伪上海市市长的主意。因为调子太高，日寇没有同意。于是，他又向日寇提出，伪上海市市长当不到，那当浙江省的省主席亦可。为了达到目的，张啸林通过美色金条，搭上大汉奸周佛海的关系，委托他在汪精卫的面前美言。日寇已经准备在浙江建立一个伪省政府，见有汪精卫等人的推荐，表示可以考虑张啸林。

当时，锄奸行动正盛。伪上海特区法院院长范罡、伪上海市民协会负责人尤菊荪、伪绥靖第三区特派员本达雄、伪上海市市长傅筱庵等大小汉奸先后遭到军统局派遣杀手的暗杀。组织这些暗杀的，是杜月笙的门徒陈默。到 1939 年年底，陈默领导的行动小组先后除掉了六十二名日寇军政要员和大汉奸。在军统局上海工作站的领导下，该小组先后实施了二十二次给地方造成重大损失的破坏行动。这当中，有好几个是杜月笙的要好朋友。对这些个汉奸，他是支持戴笠下狠手的。

张啸林的投敌卖国行为，引起了重庆方面的严重不满，也上了军统局的暗杀名单。可张啸林身份特殊，他是杜月笙的结拜兄弟，是他的二哥。要想除掉他，必须得到他的同意，更要得到他的帮助才有可能。可是，他会同意吗？戴笠把杜月笙邀请过去，不过，他不是私下里商量，而是公开商讨。

几十年的来往，戴笠已经摸透了杜月笙的脾气。他知道只有如此，才有可能。怎么个公开商讨法？那个时候，他恰好陪蒋介石在汉口开会，便把杜月笙邀请到汉口。会议期间，他设宴款待杜月笙，并邀请了上海市党部负责人吴开先、陶百川，还有杜的心腹弟子——上海市党部委员陆京生、汪曼云作陪。

酒过三巡，戴笠主动说："杜先生，您看张啸林的事现在还有回头的余地吗？"

杜月笙早就想到戴笠会提张啸林的事，但没想到是这种场合。他谨慎地说："我和他隔得太远，不了解他的情况，虽然听到过一些说法，但这些说法已经经过加工，肯定不准确。我想他的事还没严重到要回头什么的吧，再说他的脾气性格不是很好，得罪的人多，难免有人造谣中伤。"

戴笠沉默了一下，语气严肃地说："杜先生，请你相信我的人的办事能力。我衷心希望杜先生能以大局为重，大义灭亲！"

杜月笙霍地站起来，斩钉截铁地说："就算你的情报没有错误，我的人也绝不会杀他！"

见杜月笙这么讲，戴笠不好强求，便对汪曼云说："曼云兄，你回上海后，托人警告张啸林，要是他再这样走下去，别怪我对他不客气！"

汪曼云听了，急忙点头道："我记住了，请戴局长放心。"

　　散了宴会，等戴笠走后，杜月笙叹了口气，说："你们两个刚才见到雨农的反应了吗？唉，啸林要是把绝路走到底，我真保不住他了。"

　　就是通过这种形式，戴笠把暗杀张啸林的命令知会了杜月笙。如果张啸林就此罢手，军统方面会放过他；如果张啸林死不悔改，那就没法子了。张啸林会改吗？当然不会，他的追求决定他不会更改。同时，他也认为军统方面的杀手奈何不了他。因为他花重金雇佣了二十多个武艺高强、枪法奇准的保镖跟随左右。另外，他的住处还有日本宪兵守卫，陌生人根本进不了，更不用说靠近他。为了保证不出意外，他基本上足不出户，就窝在张公馆，安享舒适日子。

　　俗话说，不怕贼上门，就怕贼惦记。经过周密策划，在杜月笙门徒的协助下，军统杀手林怀部还是把子弹射进了张啸林的罪恶躯体。那天，因为听闻张啸林即将赴任伪浙江省省主席一职，门徒伪杭州司法局局长吴静观前去拜访即将上任的顶头上司。

　　两个人正在三楼密谈，忽然听到楼下有吵闹声。张啸林走到窗前，一看吵架的居然是保镖林怀部和司机阿四，火气一下子冒上来了。他探出身子，大声骂道："妈特个！一天到晚撑饱了没事干，还要在我这里吵吵闹闹，太没体统了！给老子下了他们两个的枪，统统滚蛋！"

　　"不用你们动手，老子自己走！"说完，林怀部开始从腰间拔枪。就在所有的人以为林怀部卸枪走人的时候，意想不到的事情发生了。林怀部把枪口一抬，开了一枪。张啸林应声从窗户跌落下去，额头处汩汩地冒着血。

　　很快，法租界的巡捕过来，逮捕了林怀部。后来，林怀部被法租界判十五年徒刑，抗战胜利后被释放。据杜维善（杜月笙的第三子）回忆，他干爹（张啸林）死时，他父亲还在重庆，他既没表态也无唁电，其实他心里完全明白是怎么回事。我相信事先戴笠征求过他的意见，一边是兄弟情，一边是民族大义，他不好表态。

但是，从张啸林被刺杀后的反应看，杜月笙应该还是站在民族大义的立场上的。因为张啸林和他有着近三十年的交情，和他隔墙住了近三十年，不是兄弟胜似兄弟。现在二哥死了，他连个唁电都没发，就足以表明他的基本立场。

香港大撤离

1941年12月2日，杜月笙第三次离港飞往重庆。与前两次不同的是，这次前行是为长住重庆做准备。因为，他已经从戴笠口中得知，日寇即将攻打包括香港、菲律宾、马来西亚等在内的南太平洋一带和西太平洋的美国重要据点。如果日寇攻占香港，在香港避祸的许多重要人物肯定凶多吉少，另外还有杜门中人和他自己的妻子儿女，这样一帮人，如何撤离如何安排，都是杜月笙亟需去重庆解决的问题。

到了重庆，杜月笙马上调兵遣将，成立中华信托公司，自任董事长。还没等生意开张，还没等到想出应对之策，12月8日，日寇偷袭珍珠港，太平洋战争爆发。与此同时，马尼拉、香港、新加坡同时遭到袭击，北平、上海、天津等地的英美驻军全部被日寇攻击后解除武装。

这一天，对于杜月笙来说，是一个无法承受的日子。香港有他的亲人好友，上海英法租界也有他的亲人好友，现在这两个地方都被日寇侵占，亲人好友生死不明，如此凄惨的现实叫他如何承受？那一夜，他整夜未眠，和戴笠筹划如何利用日寇尚未占领的启德机场，派出飞机，救出重要人物和亲人好友。

这个时候，哪有飞机可派，即便有，哪个敢驾机去港？就在杜月笙想有这么一个人的时候，恰好有个不怕死的，因为他的所有家产都存在香港银行，他急着回去处理。因为他会开飞机，戴笠通过关系弄了一架飞机，条件是协助救出名单上的人。名单上的人分别是陶希圣、颜惠庆、许崇智、陈济棠、李福林、王新衡……没有一个是杜月笙的亲人。因为只有一架飞机，坐不了多少人，杜月笙狠心作了这个安排：舍小家救大家。

这个时候留在香港，亲人们肯定凶多吉少。在生死攸关的时刻，能作出这样的安排，确实不简单。然而，第二天晚上这架飞机返回，接回来的人与名单上的人基本上对不上号。很显然，这批重要人物都陷在香港，出不来。

怎么办？情急之下，杜月笙想出两个对策：第一，他利用自己的影响力，将重庆到香港迢迢数千里路上的帮会首领绿林侠盗，全部动员起来，安排出一条安全通道，计划从日寇手中救出这批紧要人物，以及他的亲人和所有杜门相关的人员；第二，他向戴笠提出一个大胆甚至是近乎疯狂的建议，通过徐采丞，向日寇上海特务机关堂而皇之地提出请求，协助徐采丞承包一艘轮船，从上海驶往香港，把杜月笙的朋友们接回上海，住进日本势力尚未进入的法租界。

第一个对策，凭杜月笙的影响力，实施起来虽有难度但有可能。第二个对策，无异于与虎谋皮，日寇会答应？最终的结果如何呢？徐采丞包了一艘轮船，把困于香港的近千重要人士和三百多杜门亲友、苏浙同乡安全接到上海法租界。与虎谋皮之所以能够成功，是杜月笙洞悉日寇当局的内部矛盾，抓住其想把他争取过去的心理，加上徐采丞和日寇特务机关首脑分子私交很深，通过他左右打点前后斡旋，终于成行。

从12月2日到达重庆开始定居，到遥控指挥香港大撤退，徐采丞的专轮救了三百多重要人士回上海；他自己所安排部署的陆上大逃亡路线，更是救出了好几千重要人士。香港大撤退的成功，是杜月笙一生中的大手笔大杰作，使得他的个人声望又得攀升。在这次营救中，他想人所不敢想，为人所不敢为，在日寇封锁大肆搜捕中救出无数精英。在这

次营救中，他先公后私，先友好人士后家眷，竭尽全力，尽其所能。试问，在乱世中能做到这样，不是大英雄大豪杰又是什么？

抗战中，杜月笙及其家人也是颠沛流离，先避祸香港，后逃亡重庆。可以说，如果生存能力不强的人，可能连家人都无法照顾，更不用说他人了。可是，杜月笙不只是照顾好家人，更照顾好了许多人，用一种独特的方式投入抗战的民族大洪流。

家事国事天下事，于杜月笙而言，可以说是千头万绪，就是有三头六臂，他都难以应付过来。可是，就是在这样忙的情况下，他还没有忘记远在北平的孟小冬。除了在经济上给予大力资助，让她无后顾之忧，可以安心学戏，杜月笙还特地安排人送去一口大瓷缸，供其吊嗓。所谓吊嗓子，就是练唱，嗓子一亮开很是扰民。有了这么一口大瓷缸，既可以拢音，减少噪音不致扰民，又可以让自己的声音听得真切提高效果。

在孟小冬的身上，杜月笙表现出只有在心爱的女人面前才有的细心和柔情。司马迁为了塑造好项羽这个英雄人物，不只展现了他是顶天立地的盖世英雄，还用霸王别姬这样一个情节展示其儿女情长的一面，使得这个历史人物的形象更为丰满，从而传颂千古。但这只是文学作品，历史中不一定存在。杜月笙，这个人物的所作所为，却真真实实地存在，没有一丝一毫的加工。

如此细心体贴，如此有情有义的真男人，试问，哪个女孩子不为之动容？要是杜月笙活在当下，不知道会有多少女孩愿意嫁给他，因为，他不只是有钱有地位，更有情呢。

痛别余叔岩

因为身患绝症，1943 年，余叔岩与世长辞，终年五十四岁。至此，孟小冬在余门整整苦修了五年。如果有人想写励志故事，小冬的求艺之路绝对是个经典素材。试问，五年如一日地追求自己的梦想，又有几人能够做到？其实，小冬做到的远不止如此，还有更多让人叹服的地方。

余叔岩的病由来已久，二十岁的时候就有症状，最后确诊为膀胱癌。收孟小冬、李少春的那年，恰好是他接受德国医生治疗出院后情况较为稳定的时候。后来，每到春季或稍有劳累，旧病就要复发一次。如果小冬再推迟一年拜师，余叔岩就是有心收她，只怕也是心有余而力不足，。冥冥中，上天安排她与他有这么一场师徒情分。

被这个病所累，余叔岩一生在舞台上演出的时间加起来还不到二十年，全盛时期至多六七年。在他生命的最后两年，他更是饱受病痛的折磨，苦不堪言。所以，在这五年中，除了作为学生的身份尊重着余老师，孟小冬还以一个女儿的身份侍奉在余老师的身旁。

据孙养农记载："后来余氏（叔岩）病势日深，到德国医院割治，孟氏（小冬）帮同余氏家人，侍奉汤药，衣不解带凡一月有余。后来出院调养的时候，余氏觉得她这种敬师之诚，情逾骨肉，为之感动；更因为自己知道经自一场大病后，将永无登台演出的机会，为了不使绝技失传，所以就加紧教授，有时甚至不顾病痛，还要比划身段给她看。每授一戏，举凡唱腔白口，身段眼神，无不仔细讲解，先后约数十出。一直到 1943 年，余氏病故，前后五易寒暑，以孟氏之天资和根底，加以苦心揣摩，专心致力于艺术，并且得到余氏亲授时间如此之久，焉得而不成为余氏的继承人？"

像孝敬自己的父亲一样，孟小冬侍奉在余老师的身旁。其实，如果当时没有战祸，治疗余老师的主治医生谢元甫就不会逃离北平，余老师旧病复发时就能得到及时的救治。这样一来，病症虽不能根治，但发作时至少可以得到缓解，让余老师多活上几年。但这只是假如，日寇占领北平，没收协和医院，医生们逃的逃，躲的躲，谢医生自然不见了踪影。1943 年春，当余老师病情加重的时候，他根本无法得到及时有效的治疗，只能等死。战争，不只是夺走双方士兵的生命，还夺走了许多无辜老百姓的生命。

余老师自知时日不多，教授更加真诚。有的时候无法坚持，他就要小冬扶着他示范演唱或者演示动作。孟小冬呢，则憋着嗓子，不让自己哭出来，哽咽着跟着余老师练唱或者做动作，可脸上尽是泪水。为了艺术的传承，师徒两个拧成一股绳，欲和死神抢夺时日。

可是，师徒两个血肉之躯，又怎敌战祸之惨烈、癌症之折磨？1943 年 5 月 19 日晚上 9 时许，一代京剧大师余叔岩含恨与世长辞。余叔岩不幸逝世的消息传出，梨园界震动，北平乃至全国的同仁、戏迷们都痛惜不已。

上海戏校著名余派教师王思及先生曾撰文说："余生也晚，未能看到余先生光彩照人的舞台风貌。然而他留给后人的十八张半唱片，却足够我们学习一辈子，越学越觉奥妙无穷，每听一遍必有新的收获。真是经典范本，取之不尽。"

庆幸的是，余大师的一身绝艺，由他的徒弟们、尤其是爱徒孟小冬传承，并在国内外得以传播，得以发扬光大，善莫大焉。当然，孟小冬传承的，不仅是余派的唱腔、余派的表演风格，还传承了余叔岩的生命风格。

"清才承世业，上苑知名，自从艺术寝衰，耳食孰能传曲学；弱质感飘零，程门执赞，独惜薪传未了，心哀无以报恩师。"五年的师徒恩情，就这样成为永诀，孟小冬深感悲痛，写下了这副令人肝肠寸断的挽联。因为心情悲痛，更因为时局动荡，她以"为师心丧三年"为由，正式宣布告别舞台，开始了新一轮与世隔绝的生活。

绝艺在身的孟小冬，如一块蓝田宝玉，埋在深深的地层之下。这，是时代的悲哀，天才艺人的不幸！

第 三 卷

大亨始知爱情

请冬皇出山

一个本就武艺超群的武林高手，又拜绝顶高手从师学艺五年，其本领会如何呢？俗话说"士别三日当刮目相看"，更何况冬皇在余叔岩门下苦学了五年。不管是同仁，还是戏迷，他们都想知道答案，一睹冬皇风采。可是，他们等啊等啊，等到的答案却是心丧三年告别舞台。从此，冬皇与世隔绝，完全消失在公众视野中。

作为一个女艺人，孟小冬所处的时代，应该是京剧最有地位、最为火爆的时代。据说，当时的达官贵人、有钱有地位的人家，找仆人优先那些戏迷。为的是，主人兴致来了，下人们操的操家伙吊的吊嗓子，不用出门，就可以搭班合演一出戏来过瘾。就像现在的卡拉 OK，你想吼一嗓子，不用去歌厅舞厅，在家里就可以进行。

1945 年，孟小冬已经三十八岁。从嫁给梅兰芳开始，准确地说从十八岁开始，她就基本上息演。这二十年，无论是年龄还是才艺，都应该是最为鼎盛的时期。然而，世事弄人，让这样一个风华绝代的人物蹉跎岁月，匆匆变老。"流光容易把人抛，红了樱桃，绿了芭蕉。"如果再这样下去，这朵花中之王就将悄无声息地凋谢完毕。值得庆幸地是，这一年，抗战终于胜利，新的生活即将开始。

那一天，以言慧珠为首的几位戏校学生来到北京东四条胡同。在一个路北的黑门前，她们驻足，轻轻地敲了几下门。门开了，一个长者探出头，问她们有什么事。

言慧珠说她们是戏校的学生，想拜访冬皇孟小冬。然后，她把名片递了过去。

长者接过名片，又打量了一下门外的几个人，确定她们没有恶意之后，他才拿着名片进去通报。在等待的时候，言慧珠她们是忐忑不安。因为她们来这里的目的，是想邀请孟小冬复出。可是，这个万人渴望而轻易不登台演出的梨园冬皇，她们这些小角色请得动吗？那一瞬间，她们的神经绷得紧紧的。

听说有客人来访，孟小冬走出西厢房，来到二门口，招呼说："快请进吧！我这儿看着狗呢。"

言慧珠她们进去，见到了久违的冬皇。她身着一色蓝旗袍，罩着同样颜色的毛衣。这个时候的北平气温并不低，可她穿上了毛衣。很显然，她的身体不是很好，甚至是孱弱。见到这个情景，言慧珠想请她出演的勇气冷了一半。

见她们很拘谨，孟小冬以为她们怕狗，忙拦在狗前，说："你们几位是打哪里来啊？不要紧的，狗不咬人，我这看着呢！里面坐吧。"那样子，分明是个家庭主妇的模样，哪有一丝冬皇气派。

进屋之后，言慧珠说明来意。听说要请她出演，孟小冬客气地拒绝说："我身体不好，不常出门，跟外面隔绝许久了，思想一切都不合时代。不过，有什么用得着我，我能做的事情一定义不容辞。"

冬皇的意思很明显，除了登台演出，其他事情她都愿意去做。言慧珠有些尴尬，但还是坚持着说："孟、孟老师，是这样的，为了庆祝抗战胜利，我们想邀请您和程砚秋老师合作，通过广播电台播唱《武家坡》……"

没等她说完，孟小冬的嘴角就露出了笑意，她说："好极了，好极了！我很赞同你们几位的意思。咱们八年所受的痛苦，现在该扬扬眉吐吐气了。虽然我的身体不好，就是勉强挣扎上台去吼，我也情愿。"

没想到冬皇如此爽快地答应了！一时之间，言慧珠她们不知道说什么好。

"达则兼济天下，穷则独善其身。"这是中国士大夫们奉为准则的人生宗旨，他们如此信奉，也如此实践。孟小冬虽不是士大夫，可她扮演的角色都是响当当的男儿，所以可以把她当作士大夫看待。也许有人说，孟小冬在过世外桃源生活，没有融入民族抗日的大洪流中。在乱世中，作为一个女艺人，能保全自己就已经不是一件容易的事了，更不用说去保全民族气节。何况，在冬皇的骨子里面，她是有气节的，也敢于表现。

有一次，汪伪政权代"总统"陈公博去北平，华北官吏在怀仁堂传召各坤伶去陪酒陪唱，并且指名道姓要孟小冬过去。孟小冬得到通报，提出三个条件：第一，去了就唱一段戏；第二，吃饭陪酒不可能；第三，到了就唱，唱完就走。主事者没办法，只得勉强答应。匆匆去了之后，孟小冬还真的只唱一曲，又匆匆而去。

四大名旦之一的程砚秋在北平沦陷期间，一度拒绝登台演出，在西郊青龙桥隐居，表现了高尚的民族气节。早就名动津京享有盛誉的孟小冬在余门学艺五年，也多年没有登台表演了。一下子，名旦和名须生将合作演出，消息传出，人心振奋，轰动一时。

遗憾的是，孟小冬病了，体力严重不支，不能参加演出。可是广告已经打出去，到时候如何收场呢？孟小冬提出建议，请杨宝森代她演唱。为了表示诚意，她还是抱病去了电台，勉强唱了一句［导板］"一马离开了西凉界"，就离开电台回家歇息去了。接着，由早已准备好的杨宝森接唱［原板］，与程砚秋完美无缺地唱完《武家坡》，并录了唱片。

冬皇是个很有个性的人！换了别人，或者推辞不去了，如果去了，拼死拼活也得弄完。她倒好，人是去了，却只唱了句导板。冬皇万岁万万岁！难怪沙大风如此称呼她。

只是孟小冬还是不愿意公开演出，在8月份，她又应邀在电台演唱，用这种形式庆祝抗战胜利。

10月份，梅兰芳在上海的兰心剧场演出，庆祝抗战胜利。这次义务演出，标志着梅兰芳正式登台演出，很多剧场请他恢复营业性演出。不过，梅兰芳的剧团此时还在北平，不能演京戏，只能演昆曲。不过，他的昆曲同样受欢迎，同样能引起抢票风潮。

唱到第三天的时候，时任上海市副市长的吴绍澎来通知说："蒋委员长、蒋夫人、孙夫人当晚要来看戏，还要和梅先生见面谈话。"果然，当天晚上，蒋介石、宋美龄、宋庆龄准时来到剧场。唱完《刺虎》后，梅兰芳换上西装，携夫人福芝芳、儿子梅葆玖、女儿梅葆玥在楼上休息室与蒋介石夫妇见了面，作了长谈。最后，宋美龄说："梅先生，你能坚持不为敌伪演出，使全世界的人都知道中国有个不怕刺刀的演员，给中国人长了志气。"

"宁为玉碎不为瓦全"，一个艺人能做到这样，确实难能可贵。梅兰芳在中国的知名度如此之高，除了他的顶尖级别的京剧大师地位之外，更有他蓄须明志不为日伪演戏的崇高气节。

被 当 作 夜 壶

　　孟小冬、梅兰芳在抗战胜利后，他们都在以积极的姿态迎接新生活。那么，杜月笙杜先生呢？

　　杜月笙的姿态比他们更为积极，热情比他们更为高涨。在5月份的时候，因为苏联红军攻占柏林，欧洲战场取得反法西斯战争的胜利，德国正式签署了无条件投降书。德国投降了，它的同盟国小日本肯定离投降不远了。于是，蒋介石一面调兵遣将与日寇作最后一搏，一面安排人员准备随时接管日寇占领区。这时，他在重庆召见了杜月笙，要他先去东南一带做些布置工作，协助军队主管接受工作，一旦胜利，可抢先进驻上海及江南一带的大城市。

　　这是多大的面子啊！杜月笙抑制不住兴奋，既为即将到来的抗战胜利，又为自己担负的重要使命。另外，他还听戴笠私下里说过，这次蒋委员长想让他老杜回上海，出任抗战胜利后的第一任上海市市长。如果蒋介石没这个意思，凭戴笠的谨慎，他绝对不会随便说。所以，得知这样的消息，杜月笙更是激动万分，连白天打瞌睡时也恍惚见到他的弟子们和上海市市民纷纷向他热情高呼："欢迎，欢迎！欢迎劳苦功高的新市长！"

　　6月25日，杜月笙带着他的几个心腹以及医生、秘书等一行三十余人，乘汽车离开重庆。经过长途跋涉，8月份，他们终于到达浙江淳安。在那里停留的时候，他从收音机里听到1945年8月15日日寇宣布无条件投降的消息。淳安街头，锣鼓喧天，爆竹声声，欢呼声震天。

身旁的弟子兴奋地说："大哥，八年抗战总算熬出头了，回到上海，您就是堂堂的市长！"

杜月笙也不遮遮掩掩，还煞有其事地说："是的，上海这个烂摊子，也不容易收拾啊！"那样子，仿佛上海市长就是他，大有重整雄风干一番惊天动地的事业的壮志。

8月22日，杜月笙过五十七岁生日。按照他的吩咐，不宴请，不收礼，一人吃一碗长寿面。29日，杜月笙一行十余人登上了去杭州的轮船。到杭州后，9月2日，他们乘火车回上海。坐在车厢里，看着陪坐在一旁的弟子们，他感觉豪气干云，大亨的威风依然存在。

可是，接下来的一个消息让他震惊不小。原来，蒋介石已经任命钱大钧为上海市市长、吴绍澎为副市长，他们两个已经先行进入上海，开始工作了。得知这个消息，他知道自己被蒋介石一伙愚弄了，一种不祥之感涌上心头。难道，蒋介石真把我当作夜壶了？需要的时候，就好好用着；不需要的时候，就一脚踢开！

火车抵达上海北站，迎接杜月笙的不是欢呼的人群，而是纷飞的传单和醒目的标语——"打倒恶势力！""杜月笙是恶势力的代表！""打倒杜月笙！"……曾经的"中国的杜月笙"回到老巢大上海，竟成了过街的老鼠，叫人如何受得了？

杜月笙很郁闷，没心思回家，就先去了顾嘉棠家，想让自己静一静。听说他回了上海，前来拜访的人还是不少。可是，他期待的副市长吴绍澎没来。这个吴绍澎，太忘恩负义了！当年，吴绍澎在汉口的时候，想投靠洪门大佬杨庆山的门下，但杨庆山并没把他放在眼里。为了攀上关系，他专程赶到上海，请陆京生、陈君毅作介绍人，拜杜月笙为师。在杜月笙的提携下，吴绍澎很快成为陆京生、陈君毅等一样地位的恒社门徒。这样之后，杨庆生才开始关照吴绍澎，让他在汉口党部的地位迅速攀升。

没想到吴绍澎当了副市长，居然连恩师都不来拜见！想到以前给他的关照，杜月笙不由心头生火。可生火有什么意义？在顾嘉棠家待了两天，到第三天，杜月笙实在忍不住了，决定主动去会吴绍澎。不料，他到市政府门口，被工作人员拦住，原因是吴副市长不在。大恩人来了，就是再忙，也应该出来迎接。现在，他不但不出来迎接，还说不在，他到底是什么意思？杜月笙很不明白，只得留了张名片，怏怏不乐地离开。

杜月笙回了杜公馆，让他高兴的是，委托万墨林、黄国栋看管的上海家产完好无损，他一手创办的帮会组织"恒社"和他的众多门徒，也都安好。

市长当不了，副市长也当不了，总得谋个够档次的职位，否则太没面子了！想来想去，只有上海市参议会的议长还够档次，杜月笙决定去谋这个职位。为了当上议长，杜月笙决定动用一切力量。第一步，让门徒尽量多地进入市议会当议员；第二步，通过活动，让不是门徒的议员也支持他杜月笙，到时候投他的票。为了争取最大的支持，王先青还是厚着脸皮去和吴绍澎协商，请他和他那边的人支持杜月笙。

就在杜月笙认为稳操胜券的时候，新任上海市市长吴国桢派人传话，告知杜月笙，希望他不要参加选举，因为重庆方面曾发过电令，最好是让国民党元老、曾任过江苏省主席陈陶遗担任上海市临时参议会议长。费了这么大的劲，没想到是这样一个结果！杜月笙终于彻底看清楚了蒋介石这些政客们的嘴脸。这些政客，为了自己的利益，需要你的时候就用你，不需要你的时候就一脚踢开你。说到底，他杜月笙在他们的眼中，就一夜壶！

为了顾全面子，杜月笙只得派王先青出面，命他和吴绍澎协商。最后，王先青说："吴副市长，你是杜先生的门徒，总得给他个面子。杜先生身体不好，他不会当这个议长的。让他参加选举，大家一道选他一选，让他得个全票，然后再让给别人，好给外面一个交代。"

"王老弟，我不支持杜先生又去支持谁呢？你放心，我这边的人百分之百投杜先生的票，让他全票当选。"吴绍澎嘴上答应得很好，暗地里却使绊子。他要杜月笙知道，如今的大上海已经不是他杜月笙的天下，已经改天换地换了新人。

12月的上海，比往年更冷。那天，杜月笙穿着狐裘大衣，在门徒们的簇拥下，进了正始中学大礼堂，参加上海市参议会成立大会。让杜月笙失望的是，整个投票过程并没有想象当中的热烈，甚至可以说是泼了冷水。因为，一百八十张票中有四十余张空票。最后，上海市市长吴国桢宣布，杜月笙当选为上海市第一任参议会议长。

"杜月笙全票光荣当选！"本来，杜月笙希望有这样一个体面的结局来结束他的政治追求和政治理想。没想到吴绍澎从中作梗，让他难堪。致辞的时候，杜月笙拿着事先为他准备的讲稿，念道："今天承蒙诸位选为市参议会议长，深感荣幸。惟我国正向民主之途迈进，上海又系通都大邑，议长责任异常重大，杜某疾病缠身，不能担此重任，辜负诸公厚望，深表歉意！……"

整个致辞过程，杜月笙没说一句政治高调，也没兴致说一句政治高调，而是反复说自己的身体如何如何不好，行政经验如何如何缺乏，请求大会同意他辞职。因为，这已经是预先设定好的程序，大会没有任何异议，马上表示同意，改选他人为议长。

就在杜月笙备受政治打击的同时，他最重要的政治盟友戴笠因飞机失事不幸身亡。戴笠担任国民党军统局局长，是蒋介石最为信任的人之一。戴笠在发迹前，曾拜杜月笙为师，得到过他的提携和帮助。所以，他对杜月笙非常尊敬。发迹后，他和杜月笙关系非常密切，私交甚为深厚。他的不幸身亡，让杜月笙失去了一个密友，更失去了一个国民党高层当中的亲信。

身体本就不好的杜月笙，加上这些个打击，让他不堪承受，感觉很吃力。这个时候，他的四夫人姚玉兰和几个子女还在重庆，因为交通没有恢复，一时回不了上海。身心俱疲的他，突然想起了孟小冬。香港一别，差不多八年没见到她了，不知道她的情况怎样？不知为什么，这样想，心里面除了担忧之外，还有温暖感。杜月笙找来黄国栋，要他马上写封挂号信给孟小冬，请她速来上海。一代枭雄，在需要安慰时首先想到的竟然是孟小冬！

十八层太太

一封书信，而且是黄国栋写的一封书信，就能叫冷傲无比的冬皇去上海？确实，如果杜月笙只是一介青帮头子，或者杜月笙只是钻石王老五，或者杜月笙只是老虎级别的高官，如此一封信，肯定请不动冬皇。但是，我们别忘了，在这八年中，虽然彼此之间没有见面，可杜月笙一直在资助她，关心她。甚至可以说，他们之间的男女关系，早就超越肉体之间的关系，上升到了灵魂层面。

这么多年，杜月笙一直给予孟小冬帮助，像一个痴情的鸟儿，在远方表达思念。接到这封挂号信，孟小冬依然抑制不住激动，留下了幸福的眼泪。她以最快的速度安排好家里面的事情，然后购好去上海的火车票。这样之后，她才打电话告知杜月笙，她搭乘某天某次火车，与他相会。

当孟小冬搭乘火车到达上海北站的时候，杜月笙早就安排车辆在出站口等候。一辆小车就把孟小冬送到了"十八层楼"公寓706号，而没有去杜公馆，也没去姚玉兰的住处。

为什么？很简单，孟小冬和杜月笙这个时候是情人关系，去那些地方都不适宜。只有十八层楼，才是她能待的最好住处，因为这个地方曾经是她和杜月笙躲避日寇战火的住所。

在那里，杜月笙已经等候多时。这个时候的孟小冬年近四十，由于

鸦片的毒害，由于精神所受的折磨，总体看来身体不是很好，脸带倦容身形憔悴。可是，这些依然遮不住她的天生丽质、绝代风华，看上去，她依然很年轻，很有女人味。而杜月笙，疾病早就销蚀了他的脸庞，长衫下面罩着瘦削的躯体，他俨然是个小老头了。

当杜月笙颤巍巍地伸出双手，把孟小冬拥在怀里的时候，两个人都是热泪长流。这样热切的拥抱，他们已经足足等了八年！八年，整整八年，冬皇憔悴了，大亨年老了。可是，历经沧桑方见风华，许多东西已经改变，没改变的是大亨对冬皇的一往情深。

从此，杜月笙和孟小冬半公开地过着同居生活。有些资料里说"十八层楼太太"，很有可能指的就是孟小冬。因为和杜月笙长期住在那里的，不是别的女人，而是孟小冬。

八年前，黄国栋应杜先生的要求，给孟小冬去了封信，请她速去香港，孟小冬马上去了香港，和杜月笙开始了同居生活。八年后，黄国栋又应杜先生的要求，给孟小冬去了封信，请她速去上海，孟小冬又马上去了上海，又和杜月笙开始了同居生活。这些情况，足以证明孟小冬的心里是有杜月笙这个人的，她是深爱着杜月笙的。如果她只是需要一个男人，凭她的容貌，凭她的才华，凭她的名气，只要她想，不知道会有多少男人排队竞争。

杜月笙曾说："抗战胜利后始知爱情！"他所说的爱情肯定就是指他和孟小冬之间的爱情，而这段两人世界的生活应该就是这份爱情的真正开始。爱情这东西很怪，像雾像风又像云，谁也说不清它到底是什么东西。男女主角一旦拥有了爱情，就像着了魔似的，"剪不断理还乱，别有一番滋味在心头"。

在孟小冬之前，杜月笙已经办过四次婚宴，有了四个夫人。那么，为什么他单单说"抗战胜利后始知爱情"？男女爱情，是一种与爱相关的、被强烈吸引的、有表现力的情感。但是，爱情是相对的，不是绝对的。在此之前，杜月笙已经明媒正娶了四个太太，都是美女或者是才女。

不能说他和这四个夫人之间没有爱情，只能说相对而然，他和孟小冬之间的那种男女爱情更为强烈。

就杜月笙而言，这个时候的他已经经历了好几次政治打击，非常失意，情感上须得到安慰，更希望亲情和爱情的抚慰。从孟小冬方面来说，从这个时候开始，她给予了他情感上的抚慰，更给予了一般女人难以做到的温柔与体贴。

当然，这番话是杜月笙表达他对抗战胜利之后生活的总结，而这段同居生活还只是他们爱情生活的序幕，更多的爱情大戏还在后头一一上演。

过甜蜜生活

这段时间，孟小冬在上海虽说是孤单一人，但也不寂寞，一是杜月笙没那么忙，陪她的时间多了些；一是琴师王瑞芝也在上海，可以陪她干些与京剧有关的事情。王瑞芝不是在北平吗，他怎么也到了上海？

原来，上海有家艺术沙龙，男主人吴普心喜欢搞些收藏、文物研究；女主人吴彬青是个京剧票友，喜欢余派艺术。她的父亲和余叔岩有交情，早年在北平时还向余叔岩学过戏，和孟小冬也是老朋友了。1944年，吴彬青虽随丈夫迁居上海。她听说王瑞芝在北平闲居，便把他邀请到上海，专为自己吊嗓，并向他学余派唱腔。

现在正宗的余派传人来了，又是老朋友，吴彬青自然不会错过。所以，孟小冬成了他们夫妇邀请的对象。孟小冬也没别的事情，和票友相聚也是她喜欢的事，吴家艺术沙龙也就成了她去得最多的地方。

常去吴家艺术沙龙的还有许姬传，他是位谭迷，喜欢研究收藏文物，后来当了梅兰芳的剧团秘书。据他后来回忆：从1945年到1947年，孟小冬常去上海，在吴彬青家相聚。有时王瑞芝为他们吊嗓，小冬常唱《御碑亭》《乌盆记》等，他常吊《卖马》《碰碑》等。她学余，他学谭，她唱正宫调，他唱六半调……从这些回忆，我们可以看出，这段口子孟小冬还是过得很充实、感到很快乐的。

就在孟小冬和杜月笙享受二人世界的时候，1946年春末，姚玉兰拖儿带女从重庆出发，长途跋涉一个多月，终于回到上海。重庆本是山城，那个时候还没铁路，更没有客运航班，出行全靠山路水运，有时候还要走路。而且是抗战胜利不久，交通恢复得不好，加之从敌占区逃到山城的人很多，一时之间都想出来，肯定挤得不得了。一不小心，汽车跌进深沟悬崖，车毁人亡，那是常有的事。不难想象，姚玉兰她们回上海，经历了千辛万苦。一回家，她却见到孟小冬在享受她的丈夫的温柔，过着甜蜜的两人生活，心里头肯定不是滋味。

带着这样的心情过日子，姚玉兰的脸色应该不会好。此一时彼一时，八年过去，姚玉兰也上了年纪，想过稳定日子，不想孟小冬分享丈夫。没想到自己带着孩子一路受苦，孟小冬却和杜月笙在享受甜蜜生活，她能有好脸色？如果不是杜月笙强势，说不定她会明着对孟小冬发脾气。

当初嫁给梅兰芳的时候，就是因为担心会和福芝芳闹矛盾，孟小冬才不住梅家，单独住在外面。姚玉兰不欢迎她，敏感自尊的她当然能够看出。对于姚玉兰，她自然尊敬有加，不想惹她生气，更不愿和她闹矛盾。于是，她借口不放心年迈的老母亲，想回北平看看。

幸福日子才开始，杜月笙怎愿意孟小冬走？见挽留不了，他甚至说："好，我也跟你去！"

孟小冬说："你到哪里去？"，

杜月笙说："我也去北平啊！"

"瞎三话四！"孟小冬说了一句上海话，"你这里一大家子，还有那么多的银行、公司，你舍得？况且北平的家，连我都快住不下了，你去又住哪里？"

如果杜月笙再年轻十岁，说不定，他真会跟着小冬去北平，至少小住一段日子。但他是快六十岁的人了，上海又是他的老家，还有他的家人、事业，这样走，他当然下不了决心，只是一时气话。但他能这样说，表明他对小冬的依恋，已经很让她感动。

　　临走的时候，杜月笙给了孟小冬一万美元，说："小冬，你先回去，看哪里有合适的房子，我会派人来办理。这点钱，你先带回去做家用。"

　　言语之间，尽是关切！从这位上海大亨身上，孟小冬似乎感知到了什么是真爱情。其实，作为一个女人，在内心深处，她所需要的是自己深爱的人也深爱着自己。什么金钱，什么名利，这些物质上的占有永远不及彼此的爱恋。

　　梅兰芳、杜月笙，生命中的两个男人，谁爱她多一点？她又爱谁多一点？这样的问题，不知道孟小冬曾想过没有？要知道，她曾经把爱情视为生命当中最为重要的东西。

为义演准备

虽然政治上屡遭打击，但八年抗战，杜月笙积攒下了广博的人脉和崇高的声望，让他深为上海工商界人士倚重。他以绍兴师爷骆清华为智囊、恒社一千弟子为中坚，开始在上海工商界方面的发展。对于上海官府以外的公司机构，他来者不拒，照单全收。在短短的一两年时间，他拥有的头衔，多达七十多个。

七十多个头衔，一半多是恒社弟子、乃至各界朋友恭恭敬敬送上门，请杜月笙担任的。至于某些重要公职，多多少少他还是费了气力的。比如战后三大全国性工会"全国棉纺织业工会""全国轮船业工会""全国面粉业工会"，他都亲自活动，直至担任这些工会的理事长。

抗战胜利后，在大后方为抗战效力的恒社弟子陆陆续续回到上海。1946年秋，恒社举行第一次会员大会，由陆京生主持。那天，杜月笙一袭长衫，神情愉悦，接受门徒们的参拜。这次大会，通过了一些重要方案，比如建立恒社的固定场所，编印会员名册等等。虽然在册的恒社弟子只有九百一十五人，可实际数目远远不止。有人说，杜先生能够调动的门徒子弟和朋友，至少有八千子弟。

1948年，杜月笙满六十岁。六十岁，一个甲子轮回，多不容易。所以，古人非常看重。作为上海大亨，杜月笙很想大做特做，像十七年前杜氏

祠堂落成庆典那样，搞全国性的堂会演出，好好庆贺一番。为了搞好这个活动，他和他的门徒们三个月前就开始准备。

但是，因为接连几次的政治打击，杜月笙感觉自己正在走下坡路，担心搞这样的全国性堂会遭人妒忌，别有用心的人会借机大做文章，让他下不了台。就在他左右为难的时候，他的门徒们帮他出主意，说单纯庆寿，意义不大，不如搞个祝寿赈灾义演活动。

当时，两广、四川、苏北等地相继发生水灾。杜月笙觉得这个主意不错，便决定以庆六十岁寿为名，搞一次赈灾义演活动，将义演所得收入全部用来救灾，而义演活动所需一切费用由他承担。国民政府也在为各地灾情头疼，听说杜月笙要借六十大寿的机会搞个赈灾义演活动，自然不会反对。

7月份，杜月笙的几个主要门徒陆京生、徐采丞、顾嘉棠等人组织成立"庆祝杜月笙先生六十寿辰委员会筹备处"，向全国发出通告，发动各方面送贺礼，通知在外地的熟人及门徒前来祝寿，并广邀遍布全国各地的名伶前来参加祝寿义演活动。

其实，早在5月初，杜月笙就写信给北平的孟小冬，盛情邀请她前来参加他的六十岁生日庆典。为了去掉她的顾虑，他还要姚玉兰也亲笔写信，以结拜姐姐的名义邀请她前来，以消除上次的不愉快。姚玉兰自然明白丈夫的心思，便写了封信，托人赴京当面送交孟小冬，请她尽快来上海，一起商量祝寿演出的剧目。如此一来，孟小冬就不好拒绝了。其实，她不会拒绝，也不应拒绝。黄国栋代为写信邀请她都没有拒绝，何况是与杜月笙关系最好的四夫人写信邀请？

很快，孟小冬先于其他被邀名伶来到了上海。为了便于排戏和商量，她就住在华格臬路的杜公馆。这是孟小冬第一次入住杜公馆，她正式向杜家的人亮明了她和杜月笙之间的关系。毕竟，如果和杜月笙生活在一起，她必须和杜家的人要关系融洽。杜家人早就心知肚明，自然不会多说什么。

对于自己演什么剧目、怎么演，孟小冬是非常认真的。她主动提出演《失空斩》《搜孤救孤》，每个剧目演一天。琴师是现成的，因为王瑞芝还在上海。鼓师是鼓界三杰之一的魏希云，是王瑞芝介绍的。定好琴师鼓师后，孟小冬试着吊了几天嗓，发现自己身体跟不上，只得放弃唱《失空斩》，改为《搜孤救孤》连演两天。

接下来便是定演员，公孙杵臼由名票友赵培鑫出演。因为赵培鑫是马连良的义子，曾向马学戏玩票多年，所以他的唱腔动作为马派。见其马派味道很浓，孟小冬便按照鲍吉祥的路子，帮他一一纠正过来。剧中的程妻、屠岸贾人选，孟小冬建议，还是由北平演出时的原班人马——魏莲芳（梅兰芳的大弟子）和花脸裘盛戎扮演。商量好了之后，筹备处马上发函，邀请他们即刻动身来上海。

等人来齐了，孟小冬便和他们在杜公馆吊嗓子、排身段。前前后后，这出戏排练了近三个月才基本告成。这出戏本是孟小冬的拿手戏，拜余老师后她又专门学过，还在北京演过两场。怎么一到上海演出，她要排练这么长时间？

要回答这个问题，其实不难。其一，"戏久不动就生"，孟小冬已经多年没有登台演出，熟悉的东西也忘了；其二，孟小冬是真正的艺术家，对自己所从事的事业非常专注，非常认真，不来半点马虎；其三，这是为杜月笙六十大寿演出，她想表现得最好，不出半分瑕疵。

什么叫幸福？有人说，幸福就是能自由地去做自己愿意做的事情。照这个标准，这个时候的孟小冬就是个幸福的小女人了！

演广陵绝唱

8月30日上午，经过几个月紧锣密鼓的准备，上海大亨杜月笙六十岁寿辰典礼如期在泰兴路丽都花园举行。寿堂正中间悬挂着蒋介石题写的寿匾，贺词是"嘉乐延年"。左右两侧分别是中央各部委的头头们和社会各界的头面人物题赠的寿联，密密麻麻数不胜数。

上午8点，最先来的是上海警备司令宣铁吾夫妇。接着，上海市市长吴国桢，以及上海市有地位有名望的各界人士，纷纷登门祝寿。中央要员宋子文、吴铁城等十多人从南京赶来，江苏省主席王懋功从镇江赶来，孙科、白崇禧人没到但派了代表赶来，蒋介石不但派了代表，而且要儿子蒋纬国夫妇代表他前往上海祝寿。据资料记载，前前后后祝寿的宾客有七千多人，小汽车就有一千多辆。

当天，上海的宪兵、警察大批出动担任警戒，负责疏导交通，安全保卫等工作。警察局长俞叔平亲自在丽都花园前门指挥交通。一个市的警察局局长亲自上阵指挥交通，那得多大的面子？虽然是个苦差事，可俞局长不以为累，还视其为无上荣光。

杜月笙因为哮喘病加重，不能到现场答谢，便命长子杜维藩带着弟弟妹妹们站在礼台左右，代他答谢来宾。那天黄金荣也去了，见杜月笙没有亲自迎接，心头很是生气。他认为，杜月笙之所以能有今天，全是他黄金荣提携的结果。所有客人里面，应当数他的面子最大，杜月笙病得再厉害，也应该起床迎接他。唉，人一老，就糊涂了！

祝寿庆典过后，便是祝寿赈灾义演，这是整个活动当中的主体。演出从 9 月 3 日开始，原计划只演五天。有人建议，说这样动乱的年代还有这样热闹的场面，实在不容易，应该多演几天。杜月笙认为有道理，便要总提调金廷荪安排，演出增加五天。在这十天里，梅兰芳共演了八次大轴，孟小冬共演了两次大轴。

有人评价，这次义演的盛况，不说空前也不说绝后，但肯定难说有二。单说票价，分为七等，从五万到五十万不等。七天公开售价的义演戏结束，这次义演共筹到近百亿的巨额款项。即便在当时物价飞涨的时代，这个也是个可观的数目了。后来，杜月笙把这笔款子全部用于救济灾民，兑现了办这次义演活动的承诺。

特别是 9 月 7 日那天，孟小冬登台演唱名剧《搜孤救孤》，可以说更是一票难求，黑市票价猛地涨到每张一百万元。一百万元是什么概念？当时的米价是三十万元一担，也就是说一百万元可买三担多一点的米。现在一担米得近三百块人民币，三担多一点就是近千元。近千元一张的门票，那可是大腕级的明星演出票价了。

那天傍晚，太阳还老高老高，中国大戏院门口已经是人山人海。戏院所在马路两旁摆满了各式各样的花篮，足足有一华里长。花篮上的红绸条上一律写着"孟令辉（或孟小冬）小姐登台志喜"。

杜月笙事先曾作过要求，这次堂会是为赈灾搞的义演，观众不得向演员个人赠送钱物，但可以赠送花篮。凡送花篮者，每只折算为五十万元。那天送给孟小冬花篮的，少则十只二十只，多则达一百只。一百只，折算为钱可是一亿元呢。就孟小冬一个人所受花篮，全部折算之后高达12.5 亿元之多。

对于那天孟小冬的演出，评剧名票余叔岩的拜把子弟兄孙养农在他的《谈余叔岩》一书中如此写道："……民国三十六年，杜月笙先生

六十大庆，在上海中国大戏院连演二夜名闻全国的《搜孤救孤》，轰动一时，那时我在台湾得到消息连夜搭机飞回上海，才得亲闻妙奏。……而《搜孤救孤》一戏之佳腔迭出，声容并茂，现在已是家弦户诵，所以无须再为饶舌。我又因久已没有听到余叔岩之戏，忽然听到他得意弟子传神之作，所以倍觉兴奋，……觉得她真能把老师的艺术，传神阿堵，丝毫不差。想天下有多少学余派的人，费尽心力，还是不得其门，而孟氏以一弱女子，得受亲炙，登堂入室，真是难能可贵！"

演出开始后，就连马连良都买不到票，只能央求剧场经理在过道里放条小凳子，和别人挤在一起观看。参加义演的名伶们，想看小冬的戏，也只能站在剧场后面，远远地看着。梅兰芳虽然没有到剧场去看，但他待在住处，通过电台听了孟小冬的演唱。

买不到票的戏迷们怎么办？听电台，不过得有无线电收音机。于是，无线电收音机马上成为畅销货，一个小摊位一小时能卖出二十多台。

孟小冬的祝寿义演为什么能引起如此大的轰动？

就戏迷而言，孟小冬是余派代表，她的唱腔、甚至她深居简出的生活方式、人生态度、人品气韵都是余老师的复制品，听孟小冬的唱，仿佛是听得见余叔岩孤傲淡雅的品格，是剧中人的性格，也是隐藏在粉墨妆扮后面的演员本人的性情。余叔岩晚年没有登台演出过，但戏迷们知道他的唱腔境界仍有精进，余派最高境界无法通过余本人在舞台上表现，除了唱片，他的最得意弟子孟小冬就成了唯一渠道。

就孟小冬自身而言，观众争着看她的演出，固然与她的婚姻传奇有关，但艺术仍然是第一前提。孟小冬本是名须生，又跟随余叔岩学艺五年，技艺自然达到了出神入化的地步。京剧名家刘叔诒说："这戏（即《搜孤救孤》）真给冬皇唱绝了！"

还有，就是这次寿辰义演的主人杜月笙的面子。即便是伶王梅兰芳的演出，也须梅党策划运作捧场，才会有好的演出效果和经济效益。虽说孟小冬被称为冬皇，可要达到如此大的轰动效应，如果没有杜月笙六十大寿义演这个平台，只怕不可能。

戏唱完了，台下掌声如雷，经久不息，等待孟小冬出来谢幕。谢幕虽是从外国传进来的，但当时的国内名伶们早就开始了，已经习惯。孟小冬却执意不肯，她就认准一个理：我唱了半天，还得谢谢观众，我又没唱错，凭什么让我谢幕？所以，她唱完戏从不去谢幕。可是，这次她实在唱得太好了，观众们希望再见到身着便装的她，给予她更为热烈的掌声和喝彩声。可是，孟小冬迟迟没有出来，观众们也就迟迟不愿散去。亲友名角，轮番苦苦相劝，她一概不理睬。就这样，台上台下僵持了半个多小时，互不相让。

最后，寿星杜月笙拖着病体，亲自去后台和孟小冬商量。这样之后，孟小冬勉强同意，由赵培鑫陪着，身着便装回到舞台，含笑颔首，向观众致以谢意。见到便装的孟小冬终于出来谢幕了，观众们才如饮了美酒，再次报以热烈掌声，意犹未尽地散去。于是，孟小冬留下了一张也是唯一一张便装谢幕的照片。

杜月笙六十大寿赈灾义演庆祝活动前前后后整整十天，可以说完美无缺，比预期的效果还好。这次义演活动，在中国京剧史上留下了浓墨重彩的一笔，孟小冬更是真正奠定了梨园界的冬皇地位。

远离是非地

　　杜月笙六十大寿义演，舞台上的节目自然精彩，可舞台下的事情也不含糊。来上海参加祝寿义演之前，孟小冬就想到一个人——梅兰芳。

　　因为梅兰芳当时就住在上海，杜月笙六十大寿义演这样大的活动，他肯定会参加。1931 年杜氏祠堂落成庆典活动，她就因为不愿见到梅兰芳而拒绝了杜月笙的邀请，没有参加堂会。那个时候，她可以拒绝，也有理由拒绝参加。可这次不同了，一是她与杜月笙都同居了，人家六十大寿都不去，于情于理都说不过去；二是结拜姐姐亲自写信邀请，说商量祝寿庆典剧目的事，她不便拒绝。如果参加，她肯定会碰到梅兰芳，甚至有可能被派到一个戏里面，即使不同台演出，也会台上不见台下见，难免出现尴尬的场面。

　　这个事情，孟小冬应该私下里和杜月笙讲过。因为十天的戏，梅兰芳前八天大轴，孟小冬后两天大轴，根本没有同台唱戏。如果没有讲过，总提调不会考虑得如此周密。

　　这个棘手的问题算是解决了，可是，这样的安排却无法堵住好事者们的议论。特别是那些杂志、小报，怎会放过这个千载难逢、制造花边新闻的大好机会？听说孟小冬和梅兰芳都会参加杜月笙的祝寿庆典堂会，好事者们希望他们再度合作同台演唱《四郎探母》，相逢一笑泯恩仇，更何况以前他们是如此绝配，期待他们来个南北相会，重归于好，再秀恩爱。

更有小报报道，说梅兰芳与孟小冬早就和好，到时候会同台演出，连具体时间具体剧目都帮他们安排好了。还有小报报道，说上海沦陷期间，梅兰芳蓄须拒绝演出，没了收入，家里的日子过得很苦。福芝芳不甘寂寞，便迷上了赌博，输了很多钱，使得梅家的经济状况更为艰难。因为害怕梅兰芳责怪，福芝芳还得上了神经衰弱症。为了这事，梅兰芳是又气又嫌弃，正想把福芝芳赶出家门，重新把孟小冬迎回梅家。

这些个舆论，弄得梅兰芳、孟小冬，还有杜月笙都很尴尬。自从和梅兰芳彻底分手之后，孟小冬从未想过破镜重圆，甚至不愿彼此再见面。"我今后要么不唱戏，再唱戏也不会比你差；今后要么不嫁人，再嫁人也绝不会比你差！"这番斩钉截铁的话，完完全全可以看出她当时的决绝态度，绝非一时气话。从那个时候开始，她一直在按这番话为人处事。她拜师余叔岩，是不是为了落实前面那句话？她没再嫁人，最后找上杜月笙，是不是为了落实后面那句话？细细思量，似乎真有这方面的原因。现在，她和杜月笙虽然还不是夫妻，可已经有同居关系，怎么愿意听到这样的议论？不愿听又咋的？有个人不但只讲，还真想去撮合梅兰芳和孟小冬。这人是谁？黄金荣，他是杜月笙的大哥，肯定知道他和孟小冬之间的关系，怎么还干这样的荒唐事？

人嘛，一老，就糊涂了。见杜月笙六十贺寿的排场那么大，平日里见他的声望也超过了他这个大哥，黄金荣心里有点失衡。特别是祝寿那天，杜月笙居然不亲自迎接他这个恩人大哥，更让他心里不舒服，认为杜月笙忘本。所以，他想借这个机会，让杜月笙难堪。

明里的暗里的，让漩涡中的孟小冬防不胜防，稍有不慎，就会能得被动。好在经过二十一年的磨练，她已经能够从容面对这些了，再也不会因为舆论而大动肝火，寻死觅活的。舞台上的事，她要杜月笙特意安排好，不和梅兰芳同台演出；舞台下的事，她自己处理好，从不和梅兰芳见面，即便是每晚散戏后固定在南洋桥金府的夜宴，她也未必出席。

这期间，梅兰芳曾经提出，想和孟小冬见上一面。但是，孟小冬没有答应。本来，梅兰芳是演前八天的大轴，演完后，他可以走。不过，他没有走，他真想见见孟小冬，即便是舞台上的她。

"娘子你不必太烈性，卑人言来你是听……"这出堪为绝唱的《搜孤救孤》，晚上，孟小冬在台上倾情演唱，梅兰芳在住处，通过电台默默凝听，而且是连着两个晚上。听到如此唱词，梅兰芳或许会感叹："小冬啊，你在戏里劝别人不要太刚烈，生活中的你为何又如此刚烈！"

现在京剧迷耳熟能详的孟小冬这出戏的录音，就是当时录下来的。后来有位老戏迷，撰文回忆当年从收音机里收听孟小冬的这出演唱，觉得自己的魂儿也随着孟小冬的声腔去了。此后，上海滩上的票房聚会，时不时会传出一声"娘子不必"的唱词。

杜月笙因为身体不好，十天戏没看一场。为了表示谢意，他提出来在最后一天和全体演员合影。为了避免和梅兰芳同时出现，孟小冬也避开了，没有参加合影。

这样一来，好事者最想制造事端，也不好怎么制造了。不像现在，想制造谁和谁的新闻，可以把两个本无关系的人PS在一起，然后一炒作，爆炸性新闻就来了。

演出结束的第二天，孟小冬便整理行装，向杜月笙夫妇提出告辞。事情忙完了，可以在上海歇息歇息，没必要急着回去啊！杜月笙夫妇急忙挽留，态度很诚恳。

孟小冬说，来上海快四个月了，老母亲在北京挺孤单的，不放心，得回去看看。

时间怎么过得这么快，眨眼工夫就快四个月了？杜月笙细算了一下，小冬来上海的日子确实快四个月了。他的哮喘病越来越重，即便是大寿庆典期间，他也因为病痛没有出来招呼大家，只在最后一天，勉强挺着和辛苦了好些日子的演员们合个影。这几个月，小冬除了排练，其他闲暇时间，便侍候在身旁，给他熬药、倒水、喂药、接待医生，让他感受到心爱的女人带给自己的关怀和温柔。现在，她居然要回北平，他怎舍得？杜月笙扭过头看着姚玉兰，希望她能挽留住她。

姚玉兰当然明白他的想法，急忙劝道："小冬，辛苦了这么长时间，你总得歇息几天才走嘛！"

孟小冬拉过姚玉兰的手，说："阿姐，这次真的感谢你们盛情邀请我来参加义演，既为慈善事业出了点力，又让我有机会在上海宣传余派戏，也是对我老师的最好怀念。我虽然能受到观众的欢迎，但主要是你们的捧场，不然谁还会给我送那么多花篮？"

这次义演，孟小冬确实露了脸，风头盖过了伶王梅兰芳。她高兴，杜月笙肯定也高兴。沉寂了那么多年，憋屈了那么多年，一朝复出，竟有如此大的轰动效果，作为当事人的她，能不高兴？不过，她没把功劳全算在自己身上，话语当中有对杜月笙和姚玉兰的感激。提到花篮，又得多说几句。孟小冬演出的那两天，她确实收到了不少。不过，一只花篮折款高达五十万元，作为一般戏迷，几个送得起？有的戏迷一送就送十只甚至百只，虽然名义上是送给孟小冬的，但实际上是为了讨得大亨杜月笙的欢喜。因为，这些赠送花篮的戏迷，大多是杜先生的门徒，或者是得过他帮助的人。

听了小冬的解释，杜月笙又是感动又是内疚。他知道，小冬这么急于离开，不只是担心北京的老母亲，还有那些花边新闻的伤害。远离是非地，那些谣传自然就没了。想到这一层，他不再强求，只叮嘱姚玉兰说："玉兰，我身体不好，不能去送小冬。我安排个车，到时候你代我送送小冬。"

"嗯！"姚玉兰急忙应允，"小冬，这是我和月笙的心意，你收下吧。"说完，她拿过一个包裹，递了过去。

孟小冬接过去一看，见是些贵重的金银首饰，便拿了那只刻有杜月笙名字的金表，说："阿姐，这块表我留作纪念，其他的请阿姐收回。"

杜月笙知道小冬的脾气，另外这些金银首饰也不是他的想法，便说："玉兰，你别为难小冬了，我另外想法子酬谢吧。"

其实，法子已经想好，只是当着姚玉兰，杜月笙不好明说。上次他答应给小冬买房子，因为事情太多，他把这事耽搁了。这次，他无论如何得给她买栋房子，表达他对她的爱意和感激。

没过多久，杜月笙就派得力弟子前往北平，在崇文门内贡院顶胡同买了一套半中半西的住房。这套房子的户主是杜镛，杜家的人去了北京，也常住那里。不过，孟小冬在那里没住多长时间，前后不到两年。

拒绝登舞台

孟小冬一回北平，各大剧院的老板马上登门，邀请她登台演出，并说凭她这次义演的轰动效应，只要她登台演出，肯定能赚个金银满钵。

这话确实不假，孟小冬有一身绝艺，已经多年没有在北平登台演戏了。如果借着这股东风，她肯定能在北平掀起一股热潮，赚个票子满钵。可是，让这些剧院老板诧异的是，孟小冬并没有接受他们的邀请，而是说她的戏装行头全部送人了，从此要学陶渊明隐居山林，不再登台唱戏。

这是怎么回事？原来，孟小冬离开上海的时候，只带了一件这次演程婴时穿的行头，其他带去的所有行头，全部送人了。唯一带回来的那件行头只有七八成新，并不值钱，还是她二十年前初到北京时自己选购的，她特别喜欢，舍不得送人，想留作一辈子的纪念。

孟小冬立雪余门，潜心学艺五年，从余老师那里学了近三十出的戏。这些戏，倾注了余叔岩毕生心血，是余派的精华。孟小冬本就有这方面的天赋，自然是青出于蓝而胜于蓝，这次赈灾义演就是明证。可是，上海祝寿赈灾义演，她才开始啊，怎么就不演了呢？

有人认为，孟小冬选择这个时候离开舞台，无疑是聪明的选择。在事业最为辉煌的时候急流勇退，留给人们的往往是最为美好的印象。可是，这个时候的孟小冬，刚刚四十岁啊！她的一身绝艺，才露出一点点，远远不是事业最为辉煌的时候。

她这样的行为，无异于告诉人们：在她的生命里，已经没有什么值得去追求了！有人问她为什么年纪轻轻就不登台演出了，她无奈地摇着头摆着手说："您瞧，我这么个样子，可怎么还登得了台？"确确实实，孟小冬有胃病，加上鸦片的毒害，身体是不好。可是，身体真的糟糕到她不能登台的地步？其实不然，她活了七十岁，比杜月笙多活了十年。那么，到底是什么让她作出这样的选择呢？心病，依然是心病！

虽然，孟小冬从失败婚姻的阴影中走了出来，但骨子里的隐痛依然存在。这种骨子里的隐痛，在动荡的时代、混乱的社会的催化下，已经成为她的性情当中的一部分。所以，从某种意义上讲，孟小冬传承的不仅是余叔岩的表演风格，更是他的生命风格。

不过，孟小冬的师弟李少春，却走了一条与她截然不同的艺术之路。很多京剧方面的书籍提到李少春如何如何拜余叔岩为师，却鲜有称他为"余派传人"的。其实，他的余派戏唱得很好，尤其是余老师手把手教的《战太平》，现在还留有唱片和录音，行家一听就知道其功力了得。

李少春拜师余叔岩，有很好的开始，却没有很好的结束。个中原因，并非他吃了不苦，而是他不愿遵循师训离开舞台。照余叔岩的规矩，学艺期间，未经他的许可不得登台演出。靠演戏养家的李少春怎么能够做到这点？他老老实实地花了三个月时间跟着余老师学完《战太平》，老老实实地根据余老师的要求作汇报演出。可是，他无法做到一年甚至更长时间地放弃舞台。他不能遵照老师的规定停止演出，只能一边学一边演出。所以，他的学艺时断时续，不能像孟小冬那样每天坚持。

这样做，已经让余老师不满意了。有一次，李少春出于商业性考虑，在天津表演《失空斩》时，他贴海报说是"余叔岩亲授"。这个举动令余老师很不高兴，因为这出戏余老师根本没有教过他。还有一次，他偷偷地贴了一出余老师教给孟小冬但只容许他旁听的《洪洋洞》，也犯了师门大忌。因为余老师因材施教，根据两个徒弟的不同特质进行教授，规定两个徒弟可以相互旁听，但不能演对方的戏。李少春偷偷演了《洪洋洞》，有人打小报告，传到了余老师耳中。自然，余老师更加生气。这样一来，李少春渐渐地不敢上余家的门了。

不过，李少春在舞台上一直走红，新中国成立后他更是走红。在戏曲改革政策的推动下，他演的《野猪林》《将相和》《闹天宫》等，既符合政治旋律，又不至于主题先行，艺术性始终高过一切。新中国成立后他的新戏一部接一部，连革命主题高举的现代戏《白毛女》，他也能唱出动人的旋律。在艺术的道路上，李少春一步一步地攀升着，直到《红灯记》，他参与了主要创作，却没有担纲主演。被批斗惨死的悲惨结局，不能抹杀他在 1949 年以来在新编戏里树立的艺术成就。

孟小冬拜师学艺，学习余老师雅正精纯的演唱，也复制了余老师的生命情调，李少春却走了完全不同的艺术人生路。我很天真地想，如果余叔岩老先生能让他的两个爱徒相互学习，彼此取长补短，允许他们在舞台展示各自的风采，可以参加营业性演出，说不定，余派京剧艺术或者说整个京剧艺术会发扬得更好更为繁荣。当然，这个可能要建立在社会稳定民族独立的前提下。

"我今后要么不唱戏，再唱戏不会比你差；今后要么不嫁人，再嫁人也绝不会比你差！"这次祝寿赈灾义演，孟小冬一出《搜孤救孤》，压过了伶王梅兰芳的风头。彼时，她实现了誓言中的前半句，接下来，她得实现誓言中的后半句了。

被当老虎打

从六十大寿庆典的盛况，杜月笙似乎又看到了自己作为上海皇帝的余威。只可惜，这只是表象。大寿庆典没过多久，他又遭遇到他人生当中的一次重大打击。

1948 年 8 月 19 日，也就是杜月笙六十大寿庆典的前一天，蒋介石以国民政府总统的名义颁布了"财政紧急处分令"，决定施行币制改革，发行金圆券。这个币制改革是什么背景之下搞的呢？1948 年，蒋介石领导的国民政府在战场上已经一败涂地，濒临灭亡，经济上严重通货膨胀，濒临崩溃。当时，有报社刊出国民政府法定货币法币的物价对比：一百元法币，1937 年可买两头牛，1938 年可买一头牛，1941 年可买一头猪，1943 年可买一只鸡，1945 年可买一条鱼，1946 年可买一只鸡蛋，1947 年可买三分之一盒火柴，1948 年连一粒米都买不到。

军事上的惨败和经济上的崩溃，犹如一双大手，死死地掐着蒋介石的脖子，让他呼吸不了，近乎死亡。无奈之下，他和他的智囊团想出这么一招，妄图通过这个币制改革，挽救经济危机，进而拯救濒临灭亡的腐朽政府。

这个"处分令"的主要内容有这么一些：第一，以金圆券代替法币，法币即日起停止使用；第二，在 9 月 30 日前，所有个人和法人持有的黄金、白银、外币必须兑换为金圆券，违者一律没收并惩处；第三，严格管制物价，严惩囤积居奇者。

这个"处分令"的目的很明确，就是以政府的名义公开掠夺老百姓手上的黄金、白银和外币，自然不得民心，遭到广泛抵制。为了让"处分令"得以实施，蒋介石在各重要经济区域设置经济管制督导员。在上海，他干脆任命中央银行总裁俞鸿钧为正督导员，长子蒋经国为副督导员。

蒋经国临危受命，自感责任重大，正想建功立业，在当民国总统的父亲面前露一手，便亲自赶到上海督办。蒋经国是"太子"，又是总统任命的副督导员，他来上海督办，谁敢不从？所以，他一到上海，便说："本人此次执行政府法令，决心实行，不折不扣，绝不以私人关系而有所动摇，变更法令。"为了更好地实施，他在上海挑选了近万名青年，组成大上海青年服务队，宣称"只打老虎，不拍苍蝇"。

为了达到杀鸡骇猴的目的，蒋经国下令逮捕申新纺织总公司经理荣鸿元等几家大老板。仅荣鸿元一人，就被他劝出八百根金条和二百五十万美元。金门饭店邓姓老板就因为不配合，拒绝交出金银兑换金圆券，被枪杀在饭店门口。在这样的高压恐怖政策下，到10月份为止，上海共收兑黄金一百一十四万两，美金三千四百五十二万元，港币一千一百万元，白银九十六万两，合计价值超过两亿美元。

对于蒋介石这个"财政紧急处分令"，虽然心中有一百个不情愿，杜月笙还是表示支持。在此之前，为了抑制通货膨胀，蒋介石多次打电话给杜月笙，要他想出解决办法。接到这个任务，杜月笙马上召集智囊团商量。最后，他根据智囊团的意见，向蒋介石提出一个方案：政府向市场抛售一定量的物资，通过这种方式回笼大量法币。

这个方案得到蒋介石和孔祥熙的认可，很快在上海实施。没想到，物资一抛出，就马上被抢购一空，市场犹如一个无底洞，随抛、随抢、随空。尤其是还来了一批消息灵通的南京客人，加入这个抢购浪潮。他们在人数和钞票上，比上海本地的投机商人更强势。濒临崩溃的南京政府本就没多少东西可卖，这招很快宣告失败，还让本就稀缺的物资囤积到了那些奸商和官商手中。

这一招宣告失败后，蒋介石决定实施"财政紧急处分令"，想抑制通货膨胀。在颁布之前，他还特意把杜月笙等人召到南京，希望得到他们的支持和拥护，使得"处分令"能顺利实施。说实在话，杜月笙虽不怎么认可，但在行动上是很支持的。回上海后，他特意把家人召集到十八层楼开会，叮嘱说："你们有多少黄金、美钞、银洋钿，我不晓得，我也不问你们，但是我要提醒你们一声，这次中央颁布的是'财政经济紧急处分令'，中央一定会雷厉风行，坚决实施的。所以，你们务必要遵照规定，在限期以内把所持有的金银、美钞全部兑换成金圆券，否则的话，我今日有言在先，不论哪个出了事情，我绝对不管。"

长子杜维藩夫妇迫于压力，把两人所有的金银、美钞全部兑换成金圆券。当时，他们夫妇正经营着一家证券公司，认为证券交易风险太大，稍不留心就可能违反政府处分令，便干脆把证券公司关掉，免得节外生枝，酿成灾祸。该兑换的兑换了，证券公司也关停了，杜维藩夫妇一商量，决定去北京旅游。于是，他们禀告父亲，夫妻结伴去了北京，了却了夙愿。

从杜月笙的安排和杜家子弟的表现来看，杜家人是很配合国民政府的。可是，杜家还是出了事，而且是大事。杜月笙的第三子杜维屏是上海证券交易所的经纪人，因他在交易所外面抛售永安纱厂空头股票两千八百多股，涉嫌犯罪，被警察带走。

其实，这是一笔很小的交易，算不了什么。不料，蒋经国小事夸大，以"在非交易所买进卖出，进行投机倒把"的罪名，将他逮捕下狱，还要判刑。在蒋经国的授意下，很多报纸报道了杜维屏被逮捕的消息，《中央日报》还刊出了杜维屏戴着手铐进班房的巨幅照片。很明显，蒋经国想通过这种方式让上海人看看，连上海皇帝杜月笙的儿子我都敢抓，你们就更不用说了，好好配合"处分令"，否则让你没好果子吃。

"杜月笙的大儿子逃了，三儿子被抓了！"一时之间，这条爆炸性新闻传遍了上海滩的大街小巷。转瞬之间，上海第一大亨、上海皇帝、中国的杜月笙的颜面丢尽，让杜月笙情何以堪？本身有病的他，气急交加，好几天起不了床，动弹不得。

精于谋术的杜月笙毕竟经过大风大浪，他没有乱分寸，先是保持沉默，以养病为由，关起门来，除了心腹门徒，谁也不见。实际上，他在苦苦思索对策，看从哪个地方找到突破口，然后一招致胜，救出儿子挽回颜面。

一个月后，杜月笙见蒋经国还不给一点面子，决定采取公开拥护暗中抵制的法子加以反击。于是，他先在《商报》上刊登公开信，说："二十年来，镛之拥护领袖，服从政府，众所周知……币制改革，只能成功，不许失败，为心所企求，经国先生，不枉不纵，深致敬佩，何致以事涉私情，有所非议。"

说这番公开话时，杜月笙的心肯定在滴血。从 1925 年开始，他对蒋介石可谓忠心耿耿绝无二心。为了蒋的事业，他是有钱出钱有力出力，甚至充当他的急先锋，冒天下之大不韪屠杀共产党。可到头来，却被蒋的儿子狠狠地宰了一刀，他的心岂能平静下来？为了打赢这仗，他不得不俯首帖耳，先表一番忠心，赚取社会各界的同情心，也让老蒋知道他的忠心，好给他面子作出让步。

然后，杜月笙召集章士钊、陆京生、黄炎培等社会名流，请求他们给予支持，和上面疏通关系。同时，他派出心腹门徒，四处搜集蒋家及各豪门在上海囤积居奇的证据。

9 月下旬的一天，蒋经国再次召集上海金融界巨头开会，杜月笙也被邀请。会议一开始，蒋经国就对那些违反政府处分令的人进行训诫和威胁。他的话音刚落，杜月笙就站起来发言，说："犬子维屏的事，我相信蒋先生一定会调查核实，给个说法的。无论结论如何，都是他咎由

自取，我不会说什么。不过，我听说上海有家扬子公司，囤积居奇投机倒把，大伙都知道。我，还有在座的诸位有个请求，请蒋先生秉公办理，对扬子公司公然和政府处分令对抗的行为作出惩处！"

听杜月笙这么一说，在座的金融巨头们马上响应，纷纷点头，表示赞同这个要求。

见与会者一致要求，蒋经国没有法子，只得当众表态说："扬子公司如果有违法行为，我也一定绳之以法。"

杜月笙马上说："好，那就好，我静候蒋先生的佳音，告辞了！"说完，在手下的簇拥下，他颤悠悠地出了会议室。

蒋经国被当众将了一军，只得派出打虎队，去搜查扬子公司。见该公司果然囤积居奇，他马上下令查封。扬子公司是谁的？是孔祥熙儿子孔令侃开的！见自己的公司被表兄蒋经国查封了，那还了得？孔令侃急忙打电话给小姨宋美龄，告知情况。宋美龄也急了，忙乘总统专机飞往上海。她没有下飞机，而是直接把蒋经国叫到上海龙华机场的专机上，要求他马上停止查办。

蒋经国年轻气盛，仗着是父亲的命令，不愿意接受继母的要求，强烈表示要一查到底，不揪出幕后老板誓不罢休。打老虎打到自己头上，这不是犯糊涂吗？见继子不买账，宋美龄只得给正在北方前线督战的蒋介石拍了份加急电报，催他火速南下。

蒋介石火急火燎地赶到上海，听了宋美龄的一番诉说，他长叹一声，说："我来和他说说吧。"

第二天早上，蒋介石和蒋经国一起用早餐。他叹了口气，说："经国，扬子一案，你就不要再管了。"

事情才起步，怎么就不管了？更要命的是，如果这个案子不抓，他高呼的"只打老虎不打苍蝇"就会变成"只打苍蝇不打老虎"，刚刚有了起色的上海经济又会重新陷入混乱的局面，甚至更为严重。他不由一急，梗着脖子，说："父亲，这怎么行？"

蒋介石摆了摆手，说："和为贵，和为贵！"

轰动一时的扬子一案，就这样不了了之。蒋经国在上海苦心经营三个月的"打虎"行动，最终不但没打到老虎，就连狼也没逮到，只打了几只替死的苍蝇。接下来，他在上海广播电台凄凉地发表了《告别上海父老兄弟姐妹书》，宣布经济管制失败，并向上海人民致以歉意。

不久，杜维屏被保释回家。儿子被救了出来，杜月笙总算保住了老脸。可是，对手毕竟是他一直效忠的蒋介石的儿子，对手毕竟比他整整小了二十岁，虽然赢了，可赢得很不是滋味。再一次，他体会到了被蒋介石之流当作夜壶耍的滋味。

没意思，没意思！坐在十八层楼的房间，望着窗外蓝蓝的天空，杜月笙喟然长叹起来。小冬，你现在一切可好！莫名地，他想起了远在北平的孟小冬。他忽地发现，只有和她在一起的日子，他才觉得生活更有滋味，人生更有意义，什么金钱，什么地位，都没有她重要。

飞机接冬皇

　　孟小冬在北平的日子可好？其实，并不好！回北平后，她既不吊嗓更不演戏，一个人孤独地生活在杜月笙给她新买的房子里。每天，她除了搓麻将，就是卧在烟榻上抽大烟。试想想，这样的生活会好吗？还有，她的身体本就瘦弱，而且还闹胃病，胃口不好，进食不行，身体自然越来越不好。

　　那些个牌友真幸运，居然有机会和这样一身才艺的人搓麻将，消磨时光。或许，这些个牌友，一点也不在乎她的才艺，只在乎她手中的那手牌，会不会做大盒子。

　　后来的辽沈战役，国民党兵败如山倒，几十万大军化为乌有，人民解放军攻克锦州，解放沈阳。接着，从辽沈战役下来的东北野战军挥师入关，转战平津战场。

　　在日伪政权统治时期，孟小冬能躲在一隅，安安心心学她的戏。这个时候，她却无法安心下去，变得六神无主心绪不宁起来。因为解放军发展的形势太快，快得让所有北平人都适应不了。或许，那个时候的她还有精神追求，可以不管形势，潜心学艺。而这个时候，她已经没了任何追求，无法安心下去。

　　就在孟小冬一筹莫展的时候，她突然接到了姚玉兰的亲笔挂号信。

信中说，现在北平形势不明，希望她尽快去上海居住，字里行间尽是关切之情。接到这封信后，孟小冬感觉心头温暖如春，有马上去上海和她们团聚的向往。可是，这个时候北平已经被解放军围得像铁桶一般，连傅作义都难以脱身，她一介女子，又怎么离开北平，到千里之外的上海去？

稀里糊涂地，孟小冬又在北平过了一些日子。这日，她正坐在庭院里，细数着从树叶缝隙中漏下的日光。这时，门外进来两个上海客人，其中一个五十出头，是黄金大戏院的后台经理，也是杜月笙的门徒。这个人孟小冬认得，因为他常去北方邀角，以前在上海也见过，只是一时想不起他的名字。

来者一进大门，便喊了起来："师娘，师傅租了架飞机，派我们接你来了！"

在上海待了那么长的时间，杜月笙的门徒都没这么叫过，今儿个到了北平，他们怎么这么叫了？孟小冬愣了一下，顾不得差怯，忙问是怎么回事。

原来，杜月笙已经打听清楚平津一带的交通完全瘫痪，不可能通过陆路接孟小冬去上海。于是，他利用中汇银行董事长的身份，包了一架飞机，派信得过的门徒随机来北平，专程迎接孟小冬。

平津战役即将打响，数百万军队在阵前对峙，不知道有多少门大炮对着天空。这个时候飞机飞往北平，不知道要冒多大的风险？别人不清楚，飞行员肯定清楚。所以，要想说服他们驾机去北平，杜月笙肯定费了不少口舌，花了不少美钞。

见孟小冬还有些犹豫，来者急了，说："师娘，如果再不走，就来不及了，你听听外面的枪炮声。"

孟小冬已经习惯听枪炮声了，她并不是担心这个，而是惧怕坐飞机。杜月笙就是因为坐飞机，差点机毁人亡，最后还是落下了一身病。通过杜月笙，她真真实实感受到了坐飞机的可怕。所以，她来往上海、北平，

从不搭乘过飞机，即便要多花时间要经受长途颠簸的辛苦。

　　"小冬，杜先生是个好人，你就去吧！"在一旁听明白了的老母亲，颤巍巍地递过一个皮箱，催了起来。近十年来，家里因为有杜月笙的资助，倒也过得自在，不愁吃不愁穿。这些年虽然没有见过杜月笙的面，老母亲还是知道他的好，也为小冬高兴。

　　这一走，只怕再难见到风烛残年的老母亲了！孟小冬流着眼泪，恭恭敬敬地给老母磕了几个响头。然后，她随着杜月笙的门徒出了门，上了停靠在胡同里的小汽车。

　　小车发动，孟小冬闭上眼睛，任由泪如雨下。这一去，是祸？是福？她不知道。她只知道，在遥远的地方，有个人在日夜牵挂着她，想念着她，她必须得去。

　　从此，孟小冬再也没有回过北平。

不 得 不 别 离

依然像上次那样，小汽车在出站口迎接，只是这次换成了飞机场的出站口。大寿庆典结束，杜公馆清静了许多，杜月笙也从十八层楼搬回了杜公馆。于是，小汽车载着孟小冬一行，直接去了杜公馆。

小冬刚到门口，姚玉兰便迎了上去，拉着她的手，说："小冬，这次来了，你就不要再走，把这里当作自己的家，千万莫要见外，往后我们有福同享有难同当。好吗？"

听着这样热心肠的话，孟小冬感动不已，眼睛不由一红，汪出了泪水。在那个时代，男人虽然可以有几房太太，可太太们争风吃醋相互争斗是常有的事，姚玉兰就和另外三个杜太太关系不好。可是，姚玉兰能接受没有任何名分的孟小冬来杜家居住，分享她丈夫的爱，确实要有一定的度量。当然，这是个渐进的过程，也应该是个渐进的过程。

"咳——咳——小冬，小冬——"卧室里传来杜月笙苍老而又关切的声音。

"哎——"孟小冬急忙答应一声，用手擦了下眼睛，进了卧室。

杜月笙躺在床上，见孟小冬进去，忙挣扎着起来。孟小冬快走几步，过去搀扶着他，好让他别费劲。

杜月笙打量了一下孟小冬，摇了摇头，说："瘦了，又瘦了，你是怎么照顾自己的？"

孟小冬坐在床沿，挨着他坐下，说："你也是一样的，还说我瘦了。"

话未落音，杜月笙就使劲地咳，咳得人直打哆嗦。孟小冬急忙从抽屉里拿出治哮喘的专用药阿射玛药粉，把它涂在棉花头烟头上，然后点燃，塞到他的口中。像吸食鸦片一样，杜月笙狠命地吸了起来。本来，这药是用于燃灼喷雾用的，可杜月笙嫌麻烦又不方便，便发明了这个法子，使用起来效果还好些。咳嗽止住之后，孟小冬又用中医上的推拿方式，帮他活动经脉，畅通血液。这样一番之后，杜月笙终于感到好受了许多。

看着累得满头是汗的孟小冬，杜月笙感激地说："小冬，难为你了！"

"你快躺下！"孟小冬搀扶着他，让他慢慢躺下去。

"你不用担心，我这个身体啊，像只寒暑表，每天天一亮，就可以晓得当日的天气如何？"为了让孟小冬宽心，杜月笙故作轻松，开了句玩笑。

"你歇着吧，我给你唱上一曲。"说完，孟小冬轻启丹唇，清唱起来。杜月笙则用右手手指敲着床沿，以作伴奏。

见他们两个其乐融融的样子，站在门口的姚玉兰心头涌出一丝欣慰。杜月笙的四个太太中，就她一个常年陪伴在他身旁。她深知杜月笙的一生过得并不容易，在他荣光的背后充满了心酸和争斗。尤其是这几年，老杜越来越老，身体越来越差，事业也越来越不顺当。作为女人，她妒忌杜月笙对孟小冬的感情，可作为妻子，她又希望老杜能有个舒心的晚年。而这，只有孟小冬才能给予他。

从此，孟小冬正式入住杜公馆，尽心尽意地照料杜月笙的饮食起居，俨然是杜家的一员。

数十年来，杜月笙来来往往，忙忙碌碌，从没放松过身心。近几年来，因为病体，他不得不放慢生活节奏，有个时候还得躺在床上，呆呆地望着天花板消磨时日。每每这个时候，他的心就像失去了什么，异常空虚。现在不同了，有了知音般的小冬的陪伴和照料，他感受到了莫大的幸福和甜蜜。这段时期，在孟小冬和姚玉兰的悉心照料下，杜月笙的病情有了很大的好转。时不时，在她们的陪伴下，他也出了杜公馆，到处走走看看。

这时的中国发生了很大变化，1949年1月14日天津解放，同月底，北平和平解放。随后的淮海战役，国民党军队损失惨重，几乎全军覆灭。内外交困的蒋介石没辙了，只得第三次宣布下野，由李宗仁代理总统。

此时国民党已经无力回天。很快，百万解放军横渡长江直攻南京。南京国民政府覆亡，上海也面临解放。蒋介石表面上下野了，可依然在背后操纵着国民党的残兵败将。1949年4月10日，他来到上海，在复兴岛召见杜月笙。他想干什么呢？

原来，在蒋介石来上海之前，他听到了很多关于杜月笙即将投共的谣言。有说1948年秋，民革负责人黄炎培竭力游说杜月笙，劝他投共；有说十九军老板陈铭枢曾向杜月笙保证，只要他愿意留在上海，配合共产党接管上海，就绝对保证他和他的家人的人身和财产安全……其实，这些说法并非谣言。1949年2月17日，中共中央曾致电叶剑英、李克农："望告金山（著名话剧演员，地下党员，杜月笙的门徒），对杜月笙的方针，就是要他努力使上海不乱，保护上海所有的船只、民航飞机、工厂、银行、公司、商店不受损失，不使南遣，等待人民解放军前往接收。杜月笙果能这么做，不仅中共可以与之合作，上海人民亦将宽恕他的既往。这一切，都可以明告杜月笙，就说是叶参谋长（叶剑英）向金山说的。"

金山以地下党员和门徒的身份向杜月笙传达了当时党的政策，做他的思想工作，希望他以积极的姿态迎接人民解放军接管大上海。

对于这些情况，神通广大的蒋介石不可能不知道。所以，他匆忙赶到上海，召见杜月笙，与他一起分析了当前形势，督促他尽早携带家眷离开上海，迁往台湾。

这是关心吗？当然是，能让蒋介石亲自出面做说服工作去台湾的，可能没有几个，足见蒋对杜的看重。但又不完全是，当时的形势非常明显，蒋介石已经下野，虽然还在背后操纵，可离灭亡已经不远了。在覆灭之前，带走的坚决带走，不能带走的就毁灭，决不能留给共产党。杜月笙在上海的号召力太大了，如果连他都投共，肯定会带来连锁反应，给共产党带来莫大的好处。所以，他想把他带走。

杜月笙当然明白他的用意，他知道，如果拒绝去台湾，极有可能带来灭顶之灾，便搪塞道："谢谢总裁对杜某人的关心，请总裁放心，上海这个地方我迟早要离开的，只是我现在病成这样，想先去香港治疗一番，然后再去台湾为您效劳。"

这番话，讲了两层基本意思：一是他杜月笙会离开上海，不会为共产党所用；二是他暂时不会去台湾，会先去香港治病。确实，杜月笙当时的病情很严重，经常喘得背过气。这些情况，蒋介石还是了解的。见达到了基本目的，他也没马上强求杜月笙动身离开上海，再三叮嘱一番就飞离上海了。

留不留上海，去不去台湾，就这两个问题，杜月笙确确实实挣扎了一番。上海是他的根基，他的一切也在上海，离开了上海他将一无所有。即便是日寇攻占上海期间，他也留下心腹为他管理上海的家产。抗战一胜利，他回上海照样当他的上海皇帝。可是，他又不敢留在上海。每个做工作要他离开的人，都拿1927年协助蒋介石清党谋杀汪寿华的事警告他，说如果他不离开，共产党肯定会秋后算账，不会放过他的。

金庭荪就多次提醒他说："月笙，你不能上人家的当啊，我们跟共产党的恩怨，你心中要有数。"每次，杜月笙都会很认真地回答："三哥，我晓得，我心中当然有数。"

就历史问题，中共先后委托黄炎培、章士钊等人上门做工作，希望他留下来，协助上海地下党搞好维持上海秩序的工作，只要他能这样去做，就可以将功折罪，既往不咎。前前后后去了好几拨人，想做通他的思想工作。毕竟做过亏心事，杜月笙心里还是不踏实，最终决定还是走。

上海是不留了，可去哪里呢？这些年来，杜月笙跟随蒋介石，做了坏事，也做了好事。蒋介石对他的态度，是需要的时候就拉，不需要的时候就踢。这个时候跟着去台湾，他又能做什么呢？心情好，蒋介石说不定会给他一碗饭吃；心情不好，蒋介石只怕会把他踢到一旁，不理不睬。

经过再三权衡，杜月笙决定先去香港避避风头再说。拿定主意后，他在杜公馆大厅里召集家人和主要管事人员开了个会，说："老蒋找了我，要我尽快去台湾，我不能不走。不过，我决定先去香港，住上一段时间再说。老万（墨林）老顾（嘉棠）你们一家也跟我过去。老黄（国栋），你留在上海，替我看管这个摊子。你用不着害怕，我已经帮你做好安排，尽管放心。"说完，他把事先准备好的三个信封交给黄国栋，叮嘱他到时候有什么事可以去找信封上的这些人。黄国栋接过一看，信封上分别写着廖承志、潘汉年、盛丕华三个人的名字。

杜月笙继续说道："自从抗战胜利以后，我开的赌场、烟馆全部关闭，收入全部来自正经生意。这几年，我的收入是只出不进，开支又大，原来是有些节余，现在也用得差不多了。剩下的也被一些朋友借走，就剩下一盒子借据字条。我已经风烛残年，所幸的是儿女已经长大成人，没什么牵挂的了。只是……"说到这里，杜月笙的目光投向孟小冬。

孟小冬知道，他最不放心的是她。这屋子里的人，有的是杜月笙的太太，有的是杜月笙的儿女，有的是他的管家和账房先生。只有她，无名无分的，什么也不是，她该怎么办？她低下头，任由他的目光盯着。屋子里的其他人，突然听到这么个消息，也是议论纷纷。

"你们去收拾好行李，说声走，就动身！"杜月笙挥了挥手，示意他们离开。大厅里的人很快散去，里面就剩下姚玉兰、孟小冬、杜月笙。沉默了一会，姚玉兰忍不住说："月笙，我才带着维屏他们逃难回来，怎么又要逃难？"

　　杜月笙一边咳着，一边说："这是没法子的事，香港那边我已经找好房子，一过去就有地方住有饭菜吃，苦不着你们的。"

　　姚玉兰呜呜地哭了起来，说："这样逃难的日子，何时是个头啊？"

　　杜月笙不再理她，走到孟小冬面前，深深地叹了口气，一脸歉意地说："小冬，把你接到上海，我本想给你安定的生活。没想到，半年不到，又得让你跟着我受累。"话里面尽是不安，好像这种不好的局面就是他杜月笙引起的，得由他承受。然而，世殊事异，与他杜月笙又有何干？

　　想到杜月笙的种种好，孟小冬不由感动地说："月笙，你快别这么说。北平我是回不去了，上海我也没什么亲人，你到哪，我就跟你到哪。"

　　见孟小冬同意跟他去香港，杜月笙就是一喜，情不自禁地拥着她，留下了幸福而又难过的眼泪。"男儿有泪不轻弹，只因未到伤心处。"原来，上海大亨也有心灵脆弱的时候！

永别黄公馆

黄公馆，这个上海滩曾经煊赫一时的处所，这个象征权势和邪恶的代名词，因为主人的衰老而渐渐淡出人们的视野。这个地方，数十年来，杜月笙来过多少次，他不知道，也无法知道。

在孟小冬的搀扶下，杜月笙又一次来到了黄公馆。今日这一次，会不会是最后一次？猛地，他想到这个问题，禁不住就是一哆嗦。孟小冬以为他冷，急忙帮他裹了裹衣服。

杜月笙按了按孟小冬的手，表示没事。然后，他继续走着。走到黄公馆总门前的时候，他停住了脚步。看着那张半开的红漆大门，杜月笙的头脑里不由浮现四十一年前他第一次进黄公馆的情景。

那天下午4点左右，走投无路的他，在"饭桶阿三"黄振亿的带领下，忐忑不安地进了黄公馆。进了总门，在过街楼下，一边一条红漆长板凳，凳上坐着五六个彪形大汉，穿着一色的黑香云纱褂裤，一个个虎背熊腰，满脸横肉，很像戏台上的短打武生。那个气派，让从未见过世面的杜月笙惊了一大跳。

黄公馆的客厅，更是杜月笙从来没有见过的摆设。地上铺着大红地毯，红木家具，红丝绒沙发，四面墙壁上挂满了名家字画，整个布置中西结合富丽堂皇，让人一看就感觉这绝对不是一般人家。

当时，黄金荣正在玩牌。听黄振亿说介绍的人来了，他转过脸，打量了一下杜月笙，点了点头，说："蛮好，你叫啥子名字？"

"小的姓杜，水木土杜，名月生，月亮的月，学生子的生。"这番话，说得文绉绉的，是杜月笙事先苦苦准备了一番的杰作。他认为，黄金荣那样的人，肯定是有学问的人，得留个好印象给他。

果然，黄金荣听了哈哈大笑，向在座的几位牌友说："真是奇怪，来帮我忙的这般小朋友，怎么个个都叫什么生的？苏州有个徐福生，帮我开老天宫戏院的，里面有个金廷荪、顾掌生，厨房里还有个马祥生……"

就这样，在十六铺卖水果的"水果月生"进了当时的上海滩大闻人法租界总探长黄金荣的家里做事，开始了新的生活。

可以说，如果没有进这扇红漆大门，就不可能有他杜月笙后来的一切。四十多年来，他协助黄金荣东征西讨，硬是在上海滩闯出一片天地。后来，他的声望慢慢超过了黄金荣，成为上海第一大亨。虽然，黄金荣对这样的变化有些不高兴，心头有些失落。可总体来说，他表现出了大度，没有使什么绊子。在杜月笙六十大寿庆典上，他想借撮合孟小冬和梅兰芳的关系之机，让杜月笙难堪难堪。可是，这样的错误还是可以原谅的。几十年来，对这个于自己有提携之恩的师傅兼大哥，杜月笙一直是尊敬有加的。现如今，他老了，黄金荣更老了。

一番感想之后，杜月笙进了公馆客厅。客厅依然是以红色为主，因为时间长了，显得有些暗淡。黄金荣坐在那里，一副老态龙钟的模样，见杜月笙来了，只略略地扬了扬手，表示知道了。

杜月笙嘘寒问暖一番，然后告之自己不去台湾而去香港的打算，又顺便说道："大哥，蒋总裁是看重您的，您去台湾，肯定会得到蒋总裁的优待的。"杜月笙这样说是有根据的，1947 年 12 月 16 日，黄金荣八十大寿的第二天，蒋介石亲自赶到上海的黄公馆，以拜寿为名，恭恭敬敬地给黄金荣磕了三个头。虽然，蒋介石曾拜黄金荣为师，可在他当上北伐军总司令后，黄金荣便通过虞洽卿把蒋的门生帖子交还给了他。当时是抗战胜利后的第二年，蒋介石的声望如日中天，居然给黄金荣拜寿磕头，可见其对黄的敬重。

不料，黄金荣听了，摇了摇头说："我今年都八十二岁了，还能有几天好活，今天不知明天，哪还能漂洋过海去台湾？与其横死在异乡客地，还不如死在家乡。"

杜月笙说："话是这么说，我担心共产党会为难您。"

黄金荣叹了口气，说："听天由命吧，反正只有老命一条，随共产党把我怎么样。我这般年纪了，共产党总得讲点人道……"

上海解放那一年，黄金荣已经八十二岁，垂垂老矣，体弱多病，自称废人一个，知道自己来日无多，所以下定决心不走，留在上海。他担心，如果真的去台湾或香港，说不定半路上就会送命，与其死在海上，不如死在上海。这是他留在上海的最主要原因。当然，还有一个原因是，黄金荣这辈子，喜欢以不变应万变。日本人打进上海时，大亨们无不争先恐后出逃，只有他麻皮金荣依然优哉游哉地待在上海，既没当汉奸，又没受到日寇怎么样折腾。这次，共产党得了天下，他认定更不会对他这个八十多岁的老头怎么样了。

见黄金荣如此说，杜月笙知道他已经铁下心留在上海，便不再强求，道了声珍重，起身告辞。然后，在孟小冬的陪同下，他又去了西摩路，想去和桂生姐辞行。

桂生姐大名叫林桂生，是当年上海滩鼎鼎大名的"白相人阿嫂"。有资料说她嫁给黄金荣之前，已经结过婚了。不过，黄金荣和她结婚，肯定是明媒正娶，置办了婚宴。那年，她二十二岁，虽然貌不惊人，可精明能干，很是可人。在她的谋划下，黄金荣开始发达，成为上海滩上响当当的人物。

林桂生颇为欣赏杜月笙，给他机会磨练自己，渐渐地把他培养为黄公馆的得力干将。可以说，如果没有林桂生的刻意提携，杜月笙想短时期在藏龙卧虎的黄公馆脱颖而出，比登天还难。杜月笙一生一世，唯独视她为大阿姐，从内心深处感激着她。在林桂生愤而离开黄公馆的时候，他不惜得罪黄金荣，为她在西摩路买下一栋住宅，让她过去居住。从此，在二十七八年里，历经北伐、抗战、内战，哪怕上海滩的炮火连天，打得个稀巴烂，她如一尊石像，也不避不走。

此时的林桂生已年满七十，身体非常不好，拒绝见任何人，即便是阿弟杜月笙。杜月笙拿出一包东西，托女佣转交林桂生，说是给桂生姐的一点心意。这次都没见上一面，以后就更难见上一面了！想到这，他心中一酸，一行浊泪滚了下来。

听着桂生姐的故事，看着杜月笙的浑泪，想着自己的往事，猛然之间，孟小冬觉得自己搀扶着的这个老人是个有情有义的伟丈夫！禁不住，她拥着杜月笙，用这种形式向他表示敬重。

和黄金荣告别不久，宜兴、长兴、吴兴三处相继失守，上海的形势越来越紧，杜月笙不能不走了。刚开始，他想坐飞机去的，因为这个快。可是，给他看病的医生们给他检查身体后，极力反对，说他的身体状况很糟糕，如果坐飞机，只怕会有生命危险。

医生的话不能不听，杜月笙只得放弃坐飞机，改乘轮船。当时，急着想逃离上海的人很多，买一张去香港或者台湾的船票难于上青天，何况跟着杜月笙上船的有一帮子人。尽管杜月笙是上海大亨，急切之间，他也只搞到一张头等舱的船票，其他人只能散坐在各个舱位。

4月27日上午，杜月笙带着太太、儿女、朋友、保镖、佣人组成的队伍，浩浩荡荡涌上了宝树云号轮船。杜月笙才经历哮喘病大发作，身体极为虚弱，经不起折腾。一进舱，他就躺倒在床上，不住地喘气。服侍他吃完药，又帮他推拿一番之后，杜月笙才感觉稍稍好受了一点。

所谓的上等舱，就是里面有两张床，另外带一张三等床。当然，和那些闹闹哄哄的船舱相比，这里就是天堂了。因为只有一间，姚玉兰和孟小冬商量好，排定时间，两个人轮流值班，照顾杜月笙，一人一班数个小时，换下来的就去三等床位歇息一下。

杜月笙躺在床上，闭着双眼，形同槁木死灰，一动不动，没有任何表情。这就是曾经跺跺脚上海滩就要颤三颤的上海皇帝杜月笙？孟小冬一阵凄凉，急忙过去，握着他的手，陪坐在床沿。似乎，杜月笙感觉到了一阵力量。他慢慢地睁开眼，眼睛里满是泪水。

是啊，这次月笙是永远离开他为之奋斗了一生的事业基地——上海滩，他能不感悲伤？而我呢，这一走，只怕也是今生今世也难再回来。想到这，孟小冬也是一阵心酸，滴下了泪水。泪水滴下，落在杜月笙的手腕上。他感觉就是一凉，手不由颤了一下。

见孟小冬红着眼睛，杜月笙知道自己的情绪影响了她，但又不知如何安慰，只紧握了一下她的手，表示安慰。

舱外的喧闹声渐渐安静下去，机器的轰隆声和船舷击起的水浪声可以清晰听见。舱内一片静默，似乎可以听见彼此的呼吸声，这样愈发增加别离时的悲怆。轮船通过黄浦江，直驶吴淞口。快到浦东高桥时，杜月笙木然的表情稍微松弛，他转动了一下眼珠，望了望陪坐在一旁的孟小冬，又看了看对面床上的姚玉兰，发出一声长叹，说："我想到外面看看！"

姚玉兰和孟小冬急忙起身，搀扶着他走到甲板上。站了一会，杜月笙指着浦西岸的一家纺织厂，告诉她们，他母亲年轻时曾在那里做过工。然后，他又转过身，指着远处，对孟小冬说："那个地方叫高桥，是我出生的地方。"

随着他指的方向，孟小冬眺望了一番，但除了一些楼房，她什么也看不到。姚玉兰在一旁说道："老杜，你老家，我是不是来过？"

杜月笙说："你来的那次是家祠落成典礼，真是闹猛（热闹之意），仿佛就在昨天一样，历历在目，只可惜阿冬和她的师傅余老板没有来。"

模糊中，他看到了那日庆典的盛大景象，十几把万民伞，六七千人的庆典队伍，数十万看热闹的民众……

客轮渐渐远离，杜月笙无限留恋地望着高桥方向，直至模糊，消失在茫茫的天色中。

第 四 卷

有情终成眷属

永别上海滩

　　在海上航行期间，杜月笙基本上待在房舱，整天整晚地躺在床上，与姚玉兰、孟小冬她们默默相对。同船的朋友亲人因为他病重，相互提醒，不要去打扰他，以便他休息。其实，病痛只是一方面的原因，心头之苦才是他萎靡不振的真正原因。"心似已灰之木，身如不系之舟"。这句话，应该是这个时候的杜月笙的最好写照。

　　经过五天五夜的航行，轮船终于抵达香港。因为事先没有告知在港的朋友，所以来迎接的就只有先期到港的美如和维善姐弟，还有为数不多的几个朋友。其实，即便告知，来迎接的人也不会很多。市长没有当上，副市长也没当上，议长当选了又不得不当即辞职，只能算是"苍蝇"的儿子杜维屏被蒋经国整了，种种迹象表明，昔日的上海皇帝已经下台，即将成为一只死"老虎"。更何况，这只垂死的"老虎"还是外地来的！试想想，正在走下坡路的人，或者说已经跌到谷底的人，别人还会在意吗？

　　当然，也有例外，在迎接的人中，有个叫李裁法的年轻人，成了杜月笙刚到香港时的重要依托。十年前，这个李裁法还是个名不见经传的小角色，杜月笙离开香港时，他开始有了小车洋房。这个时候，他更是了得，是香港有名的娱乐场所丽池游乐场的老板，人称夜总会皇帝，香港的杜月笙。其实，他们之间并没有深交。李裁法之所以回报杜月笙，是源于五年前的一次救助。日寇占领香港期间，李裁法援救过一些抗日人士，因而被日寇列为嫌疑人物。1945 年，他逃离香港，想绕道去重庆。到达西安后，他的身上没钱了，便冒昧地给杜月笙去了个电报。获悉情况，杜月笙二话没说，马上给李裁法电汇了两万大洋。

至于住处，更比不上当年来港的时候，就坚尼地台底层一套三室一厅的房子，还是门徒帮他租的。那么多人，一套三室一厅怎么够了？没法子，不够也得住！杜月笙住最大的那间卧室，对面的那间隔开分为两间，给孟小冬和姚玉兰住。灶间住一两个用人，其他的只能住外面。因为实在住不下，三夫人孙佩豪带着儿子儿媳住到外面。杜维藩的妻子先带着小孩到香港，借住在别人的住处。另外成了家的三儿一女，杜维屏住堡垒街，杜维恒、杜维新住渣华街，二小姐杜美霞嫁给金廷荪的儿子金元吉，也住渣华街。二夫人陈帼英留在上海，后来来过香港，但因为和杜月笙说不到一块，短暂停留之后，又带着儿子维翰、维宁回上海了。

就这样，到香港后，杜月笙一大家子人，香港有，大陆有，这里住一小家，那里住一小家。孟小冬很感庆幸，因为住房这么困难，她居然能拥有一间属于自己的房间。她把房间布置得很高雅，墙上挂着大大小小的剧照，还摆放着一把胡琴。众多的剧照中，《武家坡》显得很特别，它好像被人为地从中间撕开的。于是有人怀疑，那个被撕掉的人极有可能是梅兰芳。看得出，尽管她已经远离舞台，但在内心深处，对于过去的舞台生活和过去的人，还是很在意的。她并非有些资料说得那样，抛弃了过去的一切。

还有钱，这也是个大问题。杜月笙很有钱，但到底有多少钱，连他自己也不知道。从早期贩卖烟土开赌馆大赚黑心钱，到中期创办中汇银行率先进入金融界，然后以金融界为跳板进入民国工商实业界，涉足包括金融、纺织、面粉、纱布、轮船、渔业、报纸等所有行业在内的民国实业界。试想，这些个实业，能不为他带去滚滚财源？不过，杜月笙是右手挣钱，左手花钱，赚多少不清楚，花多少也不清楚。

"钱财用得完，交情吃不光。所以别人存钱，我存交情。存钱最多不过金山银海，交情用起来好比天地难量。"这是杜月笙对钱的认识，也是他做人的基本准则。杜月笙曾这样回忆他的童年："当时，一个月的学费只有五角钱，可惜因为家里实在太穷，读到第五个月，先母缴不起学费，只好停学。"这段回忆表明，杜月笙没有钱，没有社会地位，处于社会的最底层。就是这样一个出身低微、父母早逝，一个在众人眼中微不足道的上海小瘪三，竟然以柔弱之躯，闯进号称强人才能生存的地盘，最后成为上海滩一个涉足商界、军界、政界的强势人物，成为一个横扫华、英、法三界的超大亨级别的人物。他的成功，就大大得益于这种金钱观、用钱观。作为赤贫的后代，他发迹后倾其所有，去结交所谓的社会上层人物，去帮助社会底层老百姓。在他那里花钱的人，不仅有达官贵人，也有鸡鸣狗盗之辈，可谓三教九流无所不有。

随着局势变化，杜月笙的收入自然会缩减，尤其是上海临近解放，他的进账更是锐减。逃到香港之后，杜月笙的所有财产就只有两笔：一笔是十万美金，这笔钱是他当年为孩子受教育储备的，由宋子文的弟弟宋子良保管；一笔是四十五万美金，这笔钱是他逃离上海时把杜美路上的房子卖了所得，说实在话，当时只有美国人愿意出钱买这样的东西，能有美国人买并且能卖四十五万美金已经很不错了。因为出逃，这笔钱花了不少，估计还剩个三十万美金。所以，杜月笙能支配的钱，加起来不过四十万美金。这笔钱，他要养活多少人？除了他自己，有孟小冬，再加上两房太太，还有子女，还有用人、司机等，总共加起来有二十多个人。当年的上海大亨杜月笙也差钱，这绝对没说假话！

没房子住，没钱花，对于杜月笙来说，这还不是最要命的问题。最要命的问题是什么？他的身体。本就患有严重哮喘病的他，经过这么一番折腾，身体状况更加糟糕，病情一天天加重。好在孟小冬陪伴左右，给予他体贴入微的照顾，才让他的心得到莫大的安慰。

凄美晚景图

六十一岁，对于一个干过大事的男人来说，应该还不算老。杜月笙是干过大事的人，到港后也不过六十一岁。可是，因为身体不好，更因为心情抑郁，他已经失却再创事业的雄心壮志。可是，一家子人的生活费用，自己每个月高达两万港币的医药费用，坐吃山空，四十万美金又能支撑多久呢？

见杜月笙经济上陷入困境，有个热心朋友，想帮他做笔生意赚一大笔钱。这位朋友是四川人，他经常往来重庆、成都与香港。据他说，四川盛产蚕丝，成本很低，因为时局混乱，蚕丝卖不出去，价钱是一跌再跌，跌到了成本价之下，低到不能再低。如果这个时候在成都大量收购蚕丝，再通过空运把这些蚕丝转运到香港，肯定可以狠赚一笔。所有的手续他都已经办好，现在缺的就是合伙人了。

朋友是靠得住的朋友，生意是稳赚的生意，杜月笙动心了。于是，他咬咬牙，拿了十万美金给这位朋友。很快，四川朋友来信告诉他，说大部分蚕丝已经收购好了，货物全部集中在成都，只等中航公司履行合约，派飞机分批把货物运到香港。

没想到生意比想象中的还要顺利，杜月笙着实高兴了一阵子，在家等待大把钞票进账。当时，四川还在国民党军队的控制之下。照四川朋友的计划，这笔生意确实是稳操胜券。可是，人算不如天算，就在杜月笙坐等稳赚数十万美金的时候，一件意想不到的事情发生了。11月10日早上，他像往日一样打开报纸，浏览新闻。在报纸的头版头条，他骇然看到了一则消息：中国航空公司和中央航空公司负责人，带着十二架飞机，从香港的启德机场起飞，一起飞往北平，投共去了。这，就是震惊中外的"两航起义"。

两航起义，使得全国空运特别是西南一带的空运全部中断。如此一来，堆在成都的蚕丝无法空运，其他运输方式一时之间又找不到。就这样，价值百万美金的蚕丝就只能堆在机场。12月7日，成都和平解放，这些蚕丝就被当做战利品没收了。十万美金全赔了！这个打击，对于当时的杜月笙来说实在太大，急得他的哮喘病突发，差点背过气去。

从此，杜月笙再也不敢冒险去做生意。有人建议他开家影戏院，刚一开口，他就连连摆手，说："算了算了，在上海几十年我都没开过戏馆，岂有到香港来开戏馆的道理？"

好友刘鸿生建议他在九龙开家织布厂，杜月笙拒绝说："我还记得当年日本人攻香港，由深圳打九龙，简直是迈一步就过来了。如今的情形和当年差不多，九龙离深圳太近，在那里设厂，一旦九龙有事，就会全部泡汤。"

不熟悉杜月笙的人，会竖起大拇指，认为他这么做，是因为他老来持重，办事稳重。熟悉他的人，认为他这么做，会感叹不已，甚至心生凄然之感。冠着名作家、大导演头衔的郭小四，曾撰文说自己是个"很敢"的人，就是敢想，更敢去做。

想当年，在上海滩的时候，杜月笙的言与行，何止是"很敢"？才读五个月书的他，敢去上海滩闯荡；仅做过水果生意的他，敢开三鑫公司做大买卖；不懂金融的他，敢开中汇银行用钱去赚钱；没地位没背景的他，敢涉足大上海的商界、政界、军界，横扫一切牛鬼蛇神，成为中国近三百年来帮会第一人。

就是这样一个叱咤风云的人物，因为做生意赔了十万，就再也不敢去做生意了。你能不唏嘘？你能不心生悲怆？美人迟暮，英雄末路，这是人世间最让人感怀悲伤的事。现如今，杜月笙就是其中的主角之一。再加上孟小冬，他们两个就凑齐了人世间两个最让人感怀悲伤的事情了。一个面如死灰形同枯槁躺在床上，一个年长色衰默默垂泪陪坐在床沿，好一副凄美晚景图！

干事业，应该是男人生活中的主旋律。现在，杜月笙生活中不再有这样的主旋律，他的生活肯定单调枯燥。那么，大量的空余时间他做什么呢？

"早上皮包水，晚上水包皮。"啥意思？皮包水就是喝茶，水包皮就是泡澡。早上泡茶馆，晚上泡澡堂，这是黄金荣的生活方式之一。黄金荣还有一个人生目标，那就是"赚银子睡女人"，这是他作为流氓大亨的特点之一。同样是大亨，杜月笙可不这样，闲暇时间，他有三个爱好：赌博，听书，听唱京剧。

好赌，这是杜月笙年轻时候的性格之一。因为这，他吃过不少苦头。开赌场，更是杜月笙发家的重要生财之道。不过，随着年纪的增长和阅历的增加，渐渐地他不再把赌博视为纯粹的赌博，而是以此为手段，去结交朋友。后来，他更是这样告诫他的子女："嫖是落空，赌是对冲，穿是威风，吃是明功。"杜月笙的文化层次虽不高，但对事物的认识很深刻，概括也很精准。他认为，嫖赌玩乐都是虚空的，没意思；穿则是仪表面子，吃才是明白无误、实实在在的事。正是基于这样的认识，杜月笙年轻时候虽好赌，但到有了事业之后，他从来没有沉迷于赌博，对子女更是严格要求，不许他们赌博。这个时候的赌，杜月笙更是视其为娱乐，小规模的玩玩。

听书，这是杜月笙学习文化知识的一种手段。因为穷，杜月笙只上过五个月的学。等到有钱上学了，他已经成年，不好再上学堂。于是，他就用听说书的方式去识字，去提高文学素养。在上海滩的时候，很长一段时期，他每天请来上海最有名的说书先生，替他开讲大部头小说，如三国、水浒、东周列国志等。对于听书，他是很认真的，开了讲绝不中断，每天不论怎么忙，听书的时间一定要先抽出来。慢慢地，杜月笙把这种兴致，升华到提升自我内在素质的高度，从而陪伴一生。不过，香港不同上海滩，极难找到说书人。好在逃荒的人里有，杜月笙用重金聘来张建国、张建亭兄弟，还有蒋月泉、王伯英等四人，每天一个，轮流为他说书，消遣时日。因为听书是杜月笙的真正嗜好，听得入迷时，可以让他忘却病痛的折磨。所以，即便自己没有这个兴趣，周围的人，特别是孟小冬、姚玉兰两姐妹，也会硬着头皮陪着一起听。

杜月笙喜好京剧，素有"天下头号戏迷"之称。他虽没开过戏馆，但曾兼任多家票房的理事；他的五个太太中，有两个是非常专业的京剧演员：姚玉兰、孟小冬；他成立的恒社，有专门的平（京）剧组，名伶马连良、高庆奎、谭富英、叶盛兰，名票赵培鑫、赵荣琛、杨畹农等人，都是该社门徒；他的一生中，在家中组织举办过五次堪称经典的京剧堂会，尤其是1931年杜家祠堂落成庆典的那次堂会，更是被人们称为天下第一堂会。杜月笙戏瘾很大，不光爱听爱看，他还请专人教授，学会后就到票房里走票。

讲到杜月笙走票，还有一件趣事。他唱戏改不了那口浦东方言，唱《四郎探母》常把杨延辉唱成"洋烟飞"。尤其是他最喜欢演的《打严嵩》，那段"西皮流水"，咬字发声最为浓重，被独脚戏名演员王无能编到滑稽戏段子《杜月笙打严嵩》里，到处表演，在市民中广为传笑。这个事情传到了杜月笙的耳朵，他很见识见识。有一次，他在杜公馆举行堂会，特意派人送去请柬，邀请王无能来演这个节目。王无能心惊胆颤，又不敢不去。无奈之下，他还是硬着头皮表演了一回。唱完之后，他加了一句，说："我唱的是杜派，杜先生已经自成一派了。"杜月笙听了，哈哈大笑，很是开心。

在杜月笙生命的最后三年里，能让他真正感到最大快乐的，还是唱戏听戏。当然，凭那个时候的经济能力，他已经不可能组织举办像模像样的堂会了。不过，人以群分物以类聚，好这口总有办法去办。当时，四大须生之首的马连良正在香港演出，并暂留香港治病。得知孟小冬、杜月笙也到了香港，他很是高兴，马上去串门。

马连良是与梅兰芳齐名的 20 世纪最具影响力的京剧大师，是中国京剧里程碑式的代表人物。抗战胜利后，他遭遇了一场官司。某些国民党大员为了敲诈马连良，诬告他 1942 年的东北演出是为了日伪当权者，称他犯有汉奸罪。为了打这场官司，马家弄得倾家荡产负债累累，该案最后以查无实据告终。1947 年 9 月，他应邀参加杜月笙的六十大寿庆典堂会，内心是很感激杜月笙的。因为，杜月笙给了他以正视听的机会。杜月笙是坚定的抗日分子，他邀请的人肯定不会是汉奸。因为要还债，祝寿演出结束后，他便在上海进行了为期四个月的"还债演出"之旅。这个时候的马连良已年近五十，四个月的连续演出严重摧残了他的身体。直到所欠债务基本还清，他才结束演出，他的身体也到了崩溃的边缘。后来，几经周折，于 1948 年 11 月，马连良到了香港，一边演出，一边治病。

除马连良常去杜家串门之外，还有上海第一名票赵培鑫、杜的门生钱培荣、琴师王瑞芝。另外，杜公馆管家万墨林、医生吴必彰等人也是京剧爱好者。如此一来，一套京剧班子就凑齐了。于是，杜公馆每逢星期五举行一次雅集清唱，主角自然是孟小冬，还有姚玉兰，其他参加人员只限于至亲好友。这样的雅集清唱，既博得了孟小冬的欢心，让她一改郁郁寡欢的心态，又让杜月笙借以解烦闷，消遣时间，可谓一举多得。身体好时，他会走出病房，出来亮一嗓子。

从这些活动可以看出，杜月笙在港期间的生活，虽然被病痛折磨，但还是有滋有味的。孟小冬呢，性格也有很大的改变，不再像在北平那样整天泡在麻将桌前或者烟榻前，而是开始融入生活，特别是杜家人的生活。

月老当新郎

"人生不在初相逢，洗尽铅华也从容。年少都有凌云志，平凡一生也英雄。"这首诗的作者不知是谁，在网上比较流行，通俗易懂，它告诉人们，铅华有铅华之美，铅华洗尽有铅华洗尽之美。一个人没了华丽的色彩，说不定却能在那空灵之处引人遐想，给人美感。

不问政治，不争事业，在孟小冬的陪伴下，杜月笙欲平静地度过晚年。这样的生活，对于一个风烛残年的老人来说，当然是好事。能有善终，对于杜月笙这样的大起大落的传奇人物，更是好事。

可是，树欲静而风不止。还不到半年，平静的生活就被病魔搅乱，让他没有心思亮嗓子。他的病情更加严重，发作时需要孟小冬或是姚玉兰举着氧气筒给他输氧。治疗的方法是中西并重，药石兼投。医生是越请越多，用药是越来越杂，可病情是越来越严重。有的时候，他会自嘲地说："如今我是拿药当饭吃，拿饭当药吃了！"孟小冬在一旁，听得心头酸酸的，眼睛发红。

病情加重，自然让他情绪不好，还有一个"二难选择"，更让他心绪不宁。一方面，蒋介石一直在做他的工作，希望他去台湾养病。另一方面，中共方面也频频派人上门做工作，希望他回到大陆。卧病中的杜月笙还很关心大陆的形势，因为那里有他曾经打下的花花世界。对于杜月笙这些社会实力派人士，中共一直没有放弃争取过去。在他去港前，中共曾委派黄炎培、章士钊、史良等民主人士，劝其留在上海。在他去港后，中共依然没有放弃对他的争取，想劝其回上海。1950年，黄金荣受人民政府的委托，派心腹来港做他的工作，希望他回上海。这个时候，黄金荣蛰居在家，依然过着比较安逸的生活，依然享受着三件套：吸大烟、搓麻将、早上皮包水晚上水包皮。连黄金荣都可以活得好好的，我杜月笙应该也可以活得好好的！后来，中共又先后委派潘汉年、章士钊、夏衍赴港，秘密登门做他的工作，要他不用担心，过去的事就过去了，不要再想，中共不计前嫌，欢迎他回去，一起建设大上海。一番工作之后，杜月笙确实有些动心，想回上海。可是，他一想到那些历史旧账，心头还是有些忐忑，下不了决心。

不过，杜月笙虽没马上回大陆，但他投桃报李，以积极姿态和中共合作，做了一些有益于人民政府的事，比如积极协助中央人民政府收购中国银行。人民政府要改组中国银行，因为杜月笙等人有股份，希望他们回北京开会磋商。这些人是想回去又不敢回去，不回去又担心中共方面生意见，以后更回不去了。最后，杜月笙提出建议，说："我的意思，我们可以出具委托书，派代表去北京开会。"这个意见两全其美，得到几个人的一致同意。杜月笙这个建议，确实有两全其美的地方，为今后的进退，留了很大的余地。他认为，香港这样的地方绝非长久之计，叶落归根，最终他还是极有可能要回上海的。然而，世事难料，这件事因为钱新之的出现而泡汤了。钱新之，原上海工商界的头面人物，与蒋介石关系密切，为其筹款较多。

1950年春，杜月笙的身体有了较大好转，甚至不用依赖轮椅、拐杖和氧气瓶了。有人说，这是杜月笙在国共两党方面重新吃香有很大关系。确实，人逢喜事精神爽，杜月笙也不例外。一个晴朗的上午，杜月笙在孟小冬的陪同下，出了坚尼地台的家门，信步走着。路过钱新之的家门时，他决定顺便拜访一下。对于老杜突然来访，特别是老杜身体如此之好，钱新之很是讶然，便和他长谈并留他们两个共进午餐。

听说杜月笙他们在商议赴京开会的事情，钱新之很想加入。问明情况后，他又犹豫起来，不肯签委托书，说："这一签字，我算是完了，只好在家种种花，陪杜先生聊聊天了。"

后来，和他人聊起说了这事，也犹豫起来，不同意签委托书。杜月笙急了，忙派手下再登钱新之的门，做其工作，结果是扫兴而回。杜月笙急了，他不希望这事半途而废，便安排万墨林打电话，约钱新之等人来家中协商。杜月笙躺在床上，说："我辈皆年逾花甲，即死也不算是短寿，彼此相处数十年，目前行动难道还能不一致吗？做人以义气为重，我主张大家一起签名，任何风险，共负之。"

钱新之沉默了一番，流着眼泪说："我豁出去了，大家就听杜先生的吧。"

见大家同意了，杜月笙很是高兴。临走时，他再三叮嘱，为了保证大家的安全，还是暂时保密。但是，世上没有不透风的墙，这事还是传出去了，闹得沸沸扬扬。

得知这个消息，蒋介石对杜月笙非常不满，以致引发一场轰动一时的大风波，史称"中行事件"。蒋介石气急败坏，认定杜月笙被中共统战过去了，便指示手下对杜进行诬蔑中伤，并派特务到香港直接恐吓杜，说共产党早就准备对其在"四·一二"反革命政变中的罪行进行清算，大陆方面派出了杀手，准备将其就地正法。台湾的报纸上，不断刊出文章，闪烁其词地攻击杜，说他是政治垃圾。本来，凭杜月笙的聪明才智，不至于轻易相信这些谣言。偏偏在这个时候，杜月笙又在报纸上看到老态龙钟的黄金荣在上海大世界门口扫马路的巨幅照片，受到了莫大的刺激。

这样一番打压之下，到1950年冬，杜月笙又倒了下去，神经衰弱到了极点。医生上门看了之后，说杜先生精气神俱缺，恐非药物能奏效。这不是给老杜下死亡通知书吗？

大陆不敢回，台湾不想去，香港又不是久留之地。那又去哪里呢？为了保护家人和自己，杜月笙决定离开香港这个是非之地，另外找个地方居住。因为在法租界和法国人打过多年交道，杜月笙一直对法国感到亲切。并且，那里气候宜人，冬天温暖夏天凉爽，有利于他哮喘病的休养。于是，他决定携带家人，先去法国住一段时间再说。很快，这件事付诸实施。

这日，杜月笙当着家人，正和万墨林掰着手指头，看包括顾嘉棠和万墨林两家人，去法国总共要多少张护照。算来算去，他终于算清楚，共计二十七张护照。突然，陪坐在一旁的孟小冬幽怨地讲了一句话："我跟着去，算使唤丫头呢？还是算女朋友呢？"

这句话，与那句二十年前她对梅兰芳诀别时说的话一样有名，一样有力度。马上，杜月笙停止讨论，神情肃然。是啊，孟小冬于他来说到底是使唤丫头还是女朋友呢？坐在那里，他默默地梳理了一下数十年来和小冬之间的点点滴滴，想找准答案。

三十年前，孟小冬在上海共舞台演出。因为她扮相英俊、器宇轩昂，加之嗓音嘹亮，台风潇洒，所以一登台就令观众眼前一亮，受到热烈欢迎。她在共舞台三十一天里连演三十九场、二十三出戏，越演越红，引起了杜月笙的注意。一看之后，他大为惊叹，特地备下花篮赶到后台向孟小冬殷勤致意。那一年，小冬十二岁，他三十二岁。

二十四年前，因为黄金荣和名伶露兰春之间的爱恨情仇，杜月笙受命前往北京。六年过去，昔日的小童星变成了名动京津的大明星。更可喜的是，昔日的小姑娘变成了风华绝代的大姑娘。见面时，他不讲露兰春的事，却讲了很多很多夸奖和赞美小冬的话，心中生出股说不出道不明的滋味。有人说，那就是男人对女人的爱。那一年，小冬十八岁，他三十八岁。

二十年前，孟小冬与梅兰芳的爱情与婚姻不到四年就走上了绝地。时隔四年，杜月笙又见到了小冬。虽然，小冬依然显得那么漂亮，那么妩媚，可是，在漂亮和妩媚的背后，却隐藏着难以言说的悲凉。她第一次经历了婚姻，也第一次经历了婚姻失败的惨痛。这个时候，杜月笙能为她办的事，就是帮她干净利落地处理好她与梅兰芳的最后纠纷。那一年，小冬二十二岁，他四十二岁。

十三年前，经过八年的煎熬，孟小冬终于走出失败婚姻的阴影，开始敢面对生活。在四夫人姚玉兰的撮合下，杜月笙也来了个金屋藏娇，和孟小冬开始了同居生活。有人说，这是流氓大亨使了招数，把梦中情人骗到了床上。其实，两情相悦更符合他们待在一起的理由。在孟小冬的身上，他看到了女人的魅力，更折服于小冬的艺术天赋和艺术才华；在杜月笙的身上，她看到了她所扮演的一切舞台形象所具有的戏剧元素，感受到了上海皇帝、三百年来帮会第一人的独特魅力。那一年，小冬三十岁，他五十岁。

五年前，在香港和重庆避难从事抗日工作的杜月笙回到了上海，余门立雪五年又心丧三年的孟小冬也来到了上海。八年的等待，八年的分割，他们又走到了一起。因为病痛，杜月笙衰老了许多；因为岁月，孟小冬也不再年轻。杜月笙开始享受孟小冬的柔情，也开始真正懂得什么叫爱情。那一年，小冬三十八岁，他五十八岁。

三年前，绝艺一身的孟小冬应邀参加杜月笙的六十大寿庆典演出，一出《搜孤救孤》征服了成千上万的观众，被人们誉为前所未有的"广陵绝响"。冥冥中，她潜心学艺五年，就是奔这次祝寿赈灾义演而来。就在无数人为之叹惋的时候，杜月笙却万分理解，只伤心小冬的再次别离。那一年，小冬四十岁，他六十岁。

两年前，因为担心小冬的安危，杜月笙租了架飞机，把她从北平接到上海。本想和她长相厮守不再分离，本想给她稳定幸福的生活，本想给她……没想到形势剧变，半年不到，他又不得不让她跟着一起逃离上海，来到香港。其实，她可以不走，她不是他的什么人，她在北平还有老母亲，她也还恋着那片生她育她的热土。但是，她走了，就是因为他。

那年，小冬四十一岁，他六十一岁。

到了香港又怎么样呢？两年来，他基本上是在病中度过。唯一可以安慰的，就是有她的尽心服侍，柔情陪伴。细细想来，她自己就历经沧桑，饱受情感折磨，没过什么舒心日子。现如今，她又要照顾与床为伴以药为邻的他，何曾有一刻分享过他的荣华富贵，何曾一刻得到过他的怜爱？随着马连良他们的离港，去坚尼地台杜家的人更少，即使有去的，也是不懂京剧只是去看望病人杜月笙。这样一来，孟小冬每天除了机械地照顾病人，就没什么事情可干，更不用说娱乐消遣了。这样的生活，她能不感孤寂？渐渐地，她花容憔悴，日渐消瘦，眉宇间常有忧郁的神情。本来，她可以试着改改，和大家融洽生活。可是，她天性傲岸，不愿随波逐流，更不愿敷衍应酬。杜家的一切事务，现在都由姚玉兰负责，轮不到孟小冬去管。虽然，孟小冬和姚玉兰情同姐妹，可住在同一屋檐下，总免不了磕磕碰碰，发生不愉快的事。姚玉兰有自己的丈夫，有自己的子女，她可以向他们倾诉。孟小冬呢，除了杜月笙，就什么都没有了。更多的时候，她把不愉快藏在心底。孤寂，不愉快，不仅销蚀她的容颜，还改变她的性格，让她变得更为敏感和自尊。就像林妹妹进了贾府，免不了时时在意步步小心。

杜月笙认为小冬给予他的太多，而他给予小冬的太少，深感愧疚，便想着法子去补偿。平时，他会跟自己的子女一样，亲亲热热地喊她妈咪。"妈咪，你想买什么？""妈咪，你想吃什么？"只要孟小冬稍稍表示，他就会安排去买。可是，她似乎总是高兴不起来，总藏着心事。问她的时候，她摇头不答。可一转过身子，他又能感受到她内心的压抑。但到底是什么心事，他却无从知晓。

"我不能这么无名无分地跟着你！"今天，她终于吐露了心声。杜月笙如梦初醒，颤巍巍地站起身来，用异常清晰有力的语气说道："申请护照的事暂时放一放，现在最要紧的是，先尽快把我和妈咪的婚事办了！"

一石激起千层浪，这句话马上让房子里的人叽叽喳喳起来。虽然，他们没有夫妻之名，但早有夫妻之实。如果还年轻，他们去争这个夫妻之名，还有必要。问题是，杜月笙已经六十出头，更为重要的是，他已经病入膏肓，有的时候还得靠氧气过活。为了这个所谓的夫妻之名，再去办什么婚事，还有这个必要吗？

虽然，家人不尽同意，可迫于杜月笙的威严，他们不敢当面反对。大女儿杜美如恰好坐在身旁，杜月笙便问道："美如，你说爹这个想法如何？"

平时，姚玉兰负责白天照顾杜月笙，孟小冬、杜美如负责晚上照顾杜月笙。在子女当中，杜美如和父亲走得最近。所以，她也不怎么怕父亲。见他这么问，她说："做女儿的是晚辈，管不着。"话语当中，很明显带有不认可的意思。杜月笙又看看坐在对面的姚玉兰，希望她能支持他。因为孟小冬就坐在身旁，姚玉兰不好当面打破，只能苦笑一声，点了点头，却不说一句话。

再问下去没意思了！杜月笙挥了挥手，示意大伙散去。孟小冬也回了自己房间，姚玉兰没有急着离开，她说："我们姐妹早就认定，没有话说，不过现在都一大把年纪了，何必再大肆破费，惹人笑话？"

要是以前，杜月笙听到这样的反对意见，早就吹胡子瞪眼睛了。不过，现在姚玉兰管着杜家里里外外的事，俨然是杜家的主人。再说年纪也大了，火气不易上来。他没有生气，央求着说："夫人，你就再饶我一次吧，公开结婚，怕谁笑话？据说结婚还可以冲晦气！也许，我的身体就此会好起来呢？"

话都说到这份上了，姚玉兰不好再说什么，只得点头表示同意。有了四夫人的支持，杜月笙决定尽快行动，完成这桩心愿，为小冬，也为自己。接下来要做的事，就是具体实施。他把万墨林召来，很郑重地要求他去操办婚宴，婚宴地点就在杜家，婚宴可以从简，但手续要到场，该花的钱要花，该请的人要请到。

　　万墨林跟随杜月笙几十年了，一听就知道这事不能马虎。秉承杜月笙的意思，他列出要邀请的名单，然后一一落实，总共得摆十桌。然后，他亲自渡海去九龙，在九龙饭店订了十桌档次最高的九百元港币一桌的饭菜，并把九龙饭店的大厨师一并请到杜家。杜月笙不只是用传统的方式补办他和小冬的婚事，他还在 1950 年 1 月 29 日的《戏剧新报》上刊登消息，向世人昭告他和小冬的婚事。可见，他对这次婚事是非常重视的。

　　很快，婚期到了。那天，坚尼地台杜家贴满了大红喜事，一片热闹景象。因为场地有限，杜家大厅摆不下十桌，只得临时借用二楼人家陆根泉的大厅。让杜月笙高兴的是，邀请的亲友全部到齐，没有一个缺席的。那天，形销骨立的新郎杜月笙下了他几乎没有离开过的病榻。在众人的注视当中，他身着长袍马褂，头戴礼帽，坐着轮椅，来到客厅。在别人的搀扶下，他站到客厅的中央，甜蜜地拥着身着崭新的滚边旗袍的新娘孟小冬。

　　杜月笙一点不觉难为情，他很真诚地拿出一枚钻戒，小心翼翼给小冬戴上。孟小冬的脸上显出久违的笑意，她轻轻下拜，朝旁边的四夫人姚玉兰行了姊妹礼。然后，一个摄影师过去，举起相机，给他们拍下了一些结婚纪念照。这些纪念照，杜月笙有站着的，有坐着的，而孟小冬始终站着右侧。毕竟经过大病的折磨，新郎不是很精神，新娘依然风姿绰约，风韵犹存。

　　接下来，杜月笙把在座的儿子儿媳和女儿女婿全部叫过来，要他们给孟小冬行跪拜礼，并要求他们以后都要称呼孟小冬为"妈咪"。妈咪的意思，在香港、广东一带是娇妻、美妈之意，带有亲昵的意蕴。在此之前，杜月笙的儿女们都喊孟小冬为阿姨，有的喊孟阿姨，有的喊小冬阿姨，有的喊孟小冬阿姨。这些个称呼，都不显亲切，杜月笙要求他们改过来，从当天开始，一律喊妈咪。作为见面礼，妈咪送了他们每人一份礼物，儿子、女婿一人一套西装布料，女儿、儿媳每人一块手表。当

然，这些东西都是杜月笙事先要万墨林备好的。如果他手头有钱，见面礼会更排场一些。

这一年，杜月笙六十三岁，孟小冬四十三岁。经过三十年的漫长的爱情长征路，他们终于走上了婚姻的殿堂，成为名符其实的夫妻。其实，这个仪式对于他们而言，已经没有实际意义，只是向世人宣告，作为女人的冬皇，在不惑之年后，已经有了自己名正言顺的归宿。

"今后我要么不嫁人，再嫁人也绝不会比你差！"她的铮铮誓言的后半句，终于尘埃落定。这一等，就是二十年！二十年，多少繁华不再，多少烟云过往，梨园的冬皇最后栖息在杜月笙为之筑造的爱巢，是命运否？是爱情否？

"等你长发齐腰，我娶你可否？"或许，三十年前，杜月笙初次见到还是童星的孟小冬，会有这样类似的期盼。如今，这个期盼成为现实，只是台词得换为"你嫁给了我，可我已经垂垂老矣"！

婚宴办了，接着该办去法国护照的事了。杜月笙向台湾当局提出申请，期待他们帮其办理。很快，台湾方面回复，说好啊，二十七张去法国的护照，得交十五万美金作手续费。得到答复，杜月笙一声长叹，明白天下最狠的流氓并非他杜月笙，而是蒋介石。

从1925年的"四·一二"反革命政变开始，杜月笙就追随蒋介石，为其效力，可谓尽职尽责不遗余力。现在他落难了，连这样一件小事他都不愿帮忙，能不让杜月笙寒心？难怪他发出这样的悲叹！当然，也有资料说杜月笙被中共的诚挚态度打动，有了回上海的想法，便委托一个朋友给毛泽东写封信，表达想法。信写好之后，他又委托这位朋友帮他邮寄。不料，这位朋友喝多了酒，把这封信错装到寄送蒋介石的信封。蒋介石看到这封信，勃然大怒，没有处置杜月笙就是意外的事了，还要他帮忙那就是奢求了。总而言之，杜月笙想要台湾方面办护照的事没有成行，他自己手中又没有这么一笔钱，去法国的事就这样落空了。

与此同时，杜月笙的病并未因为冲了喜而好转，反而越来越严重。

不过，他去小冬的房间更勤了，还养成了去她房间喝她煎好的药的习惯。乍一看，一个端着碗喝着，一个在一旁自拉自唱，似乎很有点诗情画意。殊不知，杜月笙已经是下半身快要入土的人了，而小冬以绝艺之身孤傲性格做着这样的家庭琐事，如此一想，这一幕又是一个多么令人心酸的动人悲剧啊！

服完药，听完曲，家人们以为他俩该歇息了，不料，房间里又传出窃窃私语声。原来，夫妻两个在聊着悄悄话。如果累了，杜月笙就倒在小冬的床上，昏昏沉沉地睡去。即便是最痴情的黄昏恋，见了他们的缠绵一幕，也会竖起大拇指，真心地点个赞。

姚玉兰住在隔壁房间，自然免不了有些妒忌。但是，心头的豁达、对杜月笙和孟小冬由相互仰慕到相互亲爱的了解，她能够接受。现在，杜月笙已经是一个行将就木的人了，只要人世间还有能使他感到快乐的事，她乐于让他尽情地享受。因为，她也深爱着他！

从举办婚礼开始，到次年的夏天，杜月笙和孟小冬过着幸福而又痛苦的生活。

想忘掉过往

1951 年 5 月 20 日，上海的《新闻报》《文汇报》刊出了《黄金荣自白书》。在自白书里，他说要自首改过，将功折罪，请求政府和人民饶恕等等。这样的新闻自然是大新闻，香港的《大公报》予以转载，全文刊发。

得知这个消息，杜月笙急忙要万墨林买份报纸，把有关的内容读给他听。听了一遍，他说："墨林，你再读一遍。"其实，自白书并不长，也不难理解。他之所以要万墨林再读一次，是因为黄金荣的关系与他太密切了，他担心他的自白于他不利。

于是，万墨林再读了一次。"……蒋介石是虞洽卿介绍给我认识的。国民党北伐军到了上海。有一天，张啸林来看我，他们发起组织共进会，因为我是法租界捕房的督察长，叫我参加，我也就参加了。就此犯了一桩历史上的大罪恶，说起来，真有无限的悔恨！……"

"停！"当万墨林读到与"四·一二"反革命政变前后有关的文字的时候，杜月笙马上喊住。对于这段历史，他最为熟悉，也最为揪心了。杜月笙要万墨林把这段文字再慢慢地读一遍，他要一字一句地听个清楚。听万墨林再读一遍之后，他终于长长地舒了口气，轻声说："我懂了，我懂了！"他之所以如释重负，轻松起来，是因为在黄金荣的自白书中没有听到他杜月笙的名字。

当年，杜月笙与黄金荣、张啸林等一起唱主角，积极支持蒋介石发动"四·一二"反革命政变，屠杀共产党员和革命群众。可是，黄金荣的自白书里居然没有提及他的名字，应该不是一种遗漏和疏忽，而是别有内涵，不妨说是中共方面在向杜月笙传递某种信息。杜月笙自以为懂了，应该就是这个意思。其实，刊在报纸上的《黄金荣自白书》已经是第二稿。在第一稿中，杜月笙的名字骇然在里面。之所以会出现这种情况，原因也很简单，正如杜月笙懂了的意思，中共把他列为重点统战对象，想争取他回大陆。

当然，杜月笙这样去想，应该不是为了回大陆图什么政治前途。他的身体已经不许他有这样的想法，这样想也没多大意义。他期待中共不提他的过往，不提他的罪恶，是想叶落归根，最终他还是想回大陆的。所以，在临终的时候，他再三叮嘱家人要把他葬回上海浦东。

遗憾的是，杜月笙有心无力了！

7 月份，吴开先从台北飞抵香港。因为关系密切，杜月笙很是高兴，和他约定 7 月 27 日中午为他洗风接尘。那天早上，杜月笙感觉自己精神不错，见自己头发有点长，便请了个剃头师傅上门，在家里为他理了发。10 点左右，住在附近的好友朱文德应邀来了，见他气色好，便和先来一步的万墨林一起，陪着他聊天。

杜月笙的兴致非常好，从家事聊到国事，从以前聊到现在，他居然谈了两个多小时。见他精神这么好，朱文德和万墨林为他高兴，但又感觉这种情形有点反常。当下，两个人心头有些异样。

中午时分，吴开先如约而至。杜月笙起床，亲自迎到客厅，和他握手寒暄。很快，用人们摆好餐桌，开始开餐。前来作陪的，是家人和好友，氛围很好。席间，吴开先充当主角，说了下台湾方面的近况。杜月笙听得很认真，不时还插插嘴，询问一番。

杜月笙不喜喝酒，又因为犯病，更是滴酒不沾。他知道吴开先好一

杯酒，便要长子杜维藩代他敬酒。等杜维藩敬完酒，他又要其他人逐一敬酒，陪吴开先多喝几杯。吴开先善于辞令，喝了几杯酒，谈兴更浓。所以，整个席间其乐融融，一直喝到下午两点。

喝得正高兴的时候，好友秦联奎来了。秦联奎是大律师，办事向来守时。那天不知为什么，他耽搁了一些时候，匆匆赶来。见接风宴还没散，他便坐了过去，喝了杯酒，他一边吃菜，一边打量了一下杜月笙，说："月笙哥，你这几天胖啊！"

"胖？"听到这词，杜月笙猛地一怔。他伸出手，摸了摸自己的脸，皱着眉头说："只怕这不是胖，是我的脸上浮肿啊。"

病人浮肿，肯定不是好征兆。见杜月笙这么认为，大伙急了，忙安慰说这几天他确实胖了。万墨林还说："杜先生精神好着呢，一谈就是两个多小时。我们吃饭，又坐了个把小时。你们看，杜先生依然精神饱满，没有一点疲倦的神情。看来，我们得借这个机会，好好为杜先生庆贺一番。"

虽然，大伙善意的解释，想解除他的心头忧虑。但是，杜月笙还是快乐不起来，脸上早就结着愁怨。过了一会，他要杜维藩拿块镜子过去，自顾自照了一番。然后，他放下镜子，招呼大伙继续用餐。在座的亲友至交很明显地看出，和几分钟前谈笑风生的他比，已经判若两人。又勉强地坐了一会，他推说有些困倦，要进去午睡，离开席位进了房间。接风宴的主人，居然离席，让大伙一阵愕然。

孟小冬知道他的心事，急忙跟进去。见他已经躺在床上，她便坐在床沿，拉着手，默默相对。杜月笙湿润着眼睛，动情地说："阿冬，我走了以后，最不放心的就是你。为了照顾我，你放弃一身绝艺，天天陪伴着我照顾着我。这一生，我已经没有遗憾了。只是苦了你，让你受累了！……"

杜月笙还想说，孟小冬已经用手轻轻地放在他的嘴边，不让他再说。说这样的诀别话，叫她如何承受？

毁全部欠条

　　自己的身体怎么样，自己应该最清楚。杜月笙的担忧并非多余，第二天晚上，他就直不起腰，站不起身，而且脚有些肿。得知这一情况，家人吓坏了，急忙请来平时治疗的中医丁先生、西医陆先生。两位医生看了，都摇头叹息。最后，丁医生没有开药，只陆医生开了一副常服用的增强体力的方子。因为担心半夜出事，姚玉兰和孟小冬央求善于救急的陆医生留下来。

　　28日，杜月笙好像没什么事。29日，他看上去和平时差不多。可是，他却派人速拍电报给台北的陆京士，电文就他口述的四个字："病危速来！"陆京士是杜月笙最为得意最为亲近的门生，比他小十九岁，情同父子。他甚至说可以牺牲儿子，却不能失去陆京士。1949年的时候，陆京士没有跟着他去香港，而是去了台湾，成为杜月笙创办的恒社负责人。

　　接到电报后，陆京士马上回电报，说8月1日一定赶到。杜月笙得知消息，便和老天爷打了个赌，说："我起个课（打赌的意思），要是京士8月1日能来，我的病就能拖下去，不会死。要是他那天不能来，我就不知道了。"言外之意，要是8月1日不能来，他就离大限不远了。台湾到香港并不远，搭乘飞机几个小时就可以到，何况还有一天的准备

时间。杜月笙相信这个赌会赢，大伙更加相信这个赌会赢。

不料，7月31日电台发布气象预报，说第二天会有台风。其实，虽然有台风，第二天白天飞机还可以飞，但晚上的航班不可以。而陆京士的航班偏偏是晚上的那班，因为台风只能临时取消。得知这个消息，杜月笙面容憔悴，神情极其沮丧。

8月1日，杜月笙的精神似乎好了一些。吃完中饭，他把老友杨志雄邀到自己房间，说："我告诉你，我不想活了！"老友听了，自然是大吃一惊，忙问他为什么说这样不吉利的话。

杜月笙继续说道："我老老实实告诉你，如今我存在香港的钱几乎全部用光。我早就晓得，我这笔钱用光的时候，我就唯有死路一条。"

老友急忙劝慰道："杜先生，你一生一世仗义疏财，凭你几十年里放出去的交情，你救了多少人的性命，济了多少人的急难？只要受你恩的人天良未泯，略略地尽尽心意，报报恩，你就不会为铜钿的事发愁了。"

杜月笙摇了摇头，苦笑一声，说："世雄兄，人人都有床头金尽钱财用光的时候，人人都可以说朋友有通财之义缓急相济的话，唯独我杜月笙不可以。因为我无论借多少钱，其结果终究是用光。"

"月笙哥！"杨志雄想打断他的话。

杜月笙并没有停下来，继续说道："一个人与其沿门托钵地求生，多活一日只不过拖累一些朋友，何不早点走路，落个清清白白的死，干干净净的去？. 我杜月笙还是老脾气，说一句是一句，我说我不想活下去了，老兄，你们想救我一命，其实反而是增添我的苦恼。"

从这番交谈可以看出，杜月笙已经生出不想活的强烈念头。是因为缺钱的原因吗？当然不是，如果他真想要钱，如杨志雄所说，只要稍微放下身段放出话，凭他几十年来积攒下来的人气，应该还是有朋友支援的。有人说，他不愿放下身段，这样做有损他的面子，而面子是他人生当中最重要的。所以，他是死要面子活受罪，还是因为缺钱不想活了。

"人生要下好三碗面：体面，场面，情面。"这是杜月笙的"三碗面"

论，在民国时期非常有名，他是这样说的，也是这样要求自己去做的。说他不愿放下身段去讨钱，确实有根有据。但把缺钱作为他不想活了的依据，还是缺乏说服力。

要知道，杜月笙根本无须折损面子去讨钱。只要他想，就会有大把大把的钱。因为，他手头有来钱的方式。在去世前，他要杜美如从香港汇丰银行的保险柜里取出一个包裹。里面是什么东西呢？全部是别人向他借款的欠条，少则五千美元，多的达五百根"大黄鱼"（金条）。这些签名的借款人，大多为国民政府的军政要员，应该有一定的还债能力。然而，杜月笙不是要杜美如拿着这些欠条去讨债，而是当着她的面，把这些欠条一张张撕碎。他说："我不想让你们在我走了之后去打官司。我没有给你们留什么财产，好在你们兄弟姐妹都已长大成人，以后要靠你们自己去养活自己。"

从那厚厚的借条里面，随便拿出一张兑现，就足够生活在困境中的杜家生活一段时间，甚至生活一辈子了。这些钱，是别人借他的，要来天经地义，合理合法。所以，杜月笙绝对不是因为缺钱而生离世之心。

那么，到底是什么使得他不想活了呢？原因很简单，那就是，一个英雄到了末路的时候，他想的不是怎么去活，而是怎么去死。这个道理，西楚霸王项羽诠释得最好！与其拖累朋友，倒不如清清静静地去！又有人问，他深爱着小冬，小冬也深爱着他，结婚才半年多，他就忍心离她而去？是的，他不忍心。可是，一想到她因为要照顾他而得不到片刻歇息，一想到她因为他的病受到牵累而过早衰老，他就释然了。因为他的死，可以让小冬得以解脱，不再受累受苦。

嘱托身后事

8月2日，陆京士来了，比原计划迟了一天，是杜维藩去接的。从家里开车去机场，一路上他撞死了五只老鼠。杜维藩当时就想，可能真是上天要接父亲走了，因为他父亲是属鼠的。种种迹象表明，杜月笙离大限不远了。这一天，距离他去世的日子仅有十四天。

就在当天吃中饭的时候，杜月笙支着身体，想陪陆京士就餐。用人盛了一碗饭，确信他接着了，才放开手。没想到，"哐啷"一声，饭碗掉到地上，碎成两片。

这太不吉利了！在座的人都惊懵了，好一会儿才纷纷劝慰，说："岁岁（碎碎）平安，岁岁（碎碎）平安，没事的，没事的。"

杜月笙倒不在乎，对陆京士说："京士啊，今年上半年毛病发作得少，我还以为病情好转了呢。哪里想到这个月初以来，两只脚忽然麻痹，简直下不了地。更苦的是不分白天夜里都困不着觉，气喘是越来越严重。病到了这个地步，我就晓得自己一定是不行了。因为我有不少事体要嘱托你，所以又是写信又是电报催你来。并不是我无缘无故害你着急，实在是怕迟了两天就见不到面。京士，你今天来了我好开心，原以为我这个病还有得救呢。"

陆京士急忙安慰说："先生的气喘毛病由来已久，只要静养几天，

177

自然会好的。"

"不，"杜月笙凄然地摇了摇头，"这一次我是爬不起来喽。京士，我说了你不要笑我，打电报催你之前，我就许了个愿：倘若你8月1日能到，我大概还不会死；8月1日你不来呢，那就是我的寿数已尽。哪里想到8月1日那天突然起台风，飞机不能开，把你硬留在台北。这件事对我来说就是凶兆，再加上刚才我打碎了饭碗，岂不是凶上加凶？我认为这不是迷信，而是天老爷在告诉我，我再也爬不起来了。"

这番话分析在理，逻辑性强，哪里像个垂死之人说的？可是，这就是一个将死之人在为自己的将死卦象作分析，听起来让人不得不相信。陆京士一阵酸楚，说："先生还说不是迷信，八月本来就是台风季节，打破饭碗那更是稀松平常的事情。"

杜月笙露出一种似笑非笑的表情，不再说话。

从这一天到他去世前的8月16日，杜月笙就再也没有离开过病榻。这段时间，哮喘病时而发作，让他神志涣散，让他极端难受。白天夜里，他时而醒着时而睡着，没了规律。侍候他的人不敢离开半步，有时刚一走开，杜月笙又会睁开眼睛，有气无力喊"妈咪！""京士！""娘娘"！等他们凑近，其实，他又没什么事，就想和他们多谈几句，就想和他们多看上几眼。因为，这几个名字，是他心头最大的安慰。其中，他喊得最多的，自然是"妈咪！"这个名字，也是他心头最大的温暖和牵挂。

8月4日早上，杜月笙醒来，没有气喘，也没用氧气罩。孟小冬以为他的病情有所好转，正为他高兴。谁知，他一醒来，做的第一件就是把陆京士等人召来，说："趁此刻我的精神好，我要和你们谈谈怎么办我的后事了。"

一听这话，孟小冬就开始啜泣。因为担心影响他的情绪，她又强忍着止住声。

让自己最爱的人听怎么办他的丧事，确实是件残忍的事。杜月笙看了看孟小冬，从旁边摸过一块手帕，颤抖着塞在她手里。等她用手帕擦干了眼泪，他才继续说道："此地是香港，不是上海，我们在这里总算是做客，所以丧事切忌铺张。从移灵到大殓，前后不要超过三天。我去的时候，就着长袍马褂，这是我着了大半辈子的衣裳。"

陆京士听了，不住地点头，心头却哽咽着。老爷子找他来，就是为了托付临终大事。

"不过有一桩要多用几个钿的事，就是我那口棺材。"杜月笙顿了顿，"这不是我死了还要出风头，一定要用口好棺材，而且我不要葬在香港。"这个时候，杜月笙想的，依然是叶落归根魂归故里。如果有机会葬回浦东高桥，到时候需要移棺，如果棺木质量好，那就好办得多了。这件事，杜月笙是认真想过的。后来，他的灵柩虽然没有移回大陆，但移到了台湾。所以，在这个事情的安排上，他是有先见之明的。

正如杜月笙自己所说，经过他手上的钱，何止亿万。现如今，在一口好棺材的花费上，他是如此谨慎。唉，世易时移，一代大亨流落香港，晚景如此凄凉，真让人感叹命运无常啊！

只妈咪最苦

"只有妈咪最苦"！这是 8 月 10 日，杜月笙对陆京士说的。这一生，他应该是最怜惜妈咪的那个人。他的枕头下还有七千美金，他叮嘱陆京士把这钱分作三份，分给小冬三千美金，分给三夫人孙佩豪和长子杜维藩各两千美金。

8 月 7 日，杜月笙请秘书和其他几位老朋友立遗嘱的时候，他们发现，杜月笙可支配的现金就十万美金。按照"先外后内"的原则，十万美金全部分给杜家和杜家有关联的人。孟小冬分到了两万美金，加上这次的三千美金，也就是两万三千美金。

孟小冬和杜月笙没有子嗣，她一个女人孤孤单单的，在香港这样的地方，又没有经济来源，就这么点钱，教她怎么过日子？"只有妈咪最苦！"这句话，有杜月笙对小冬所受之苦的怜惜，有杜月笙自己对无法报答小冬恩情的愧疚，有杜月笙对小冬后半辈子的担心……

确实，只有孟小冬最苦！

在杜月笙叱咤风云花钱如流水的时候，孟小冬纠缠于失败婚姻，备受精神折磨，无法解脱，甚至到要自杀的地步。这个时候，她何曾不苦？在渐渐走出失败婚姻的阴影的时候，却因日寇侵略，她得不到杜月笙的任何庇护，只能在日伪统治下的北平如苦行僧般跟着余叔岩学艺五年，同时照顾身患癌症的老师多年。这个时候，她何曾不苦？

抗战胜利，两情相悦的人走到了一起，本以为可以长相厮守共筑爱巢，却又因内战爆发，杜月笙只能带着孟小冬和家人逃离上海。这个时候，她何曾不苦？到了香港后，孟小冬每日陪伴的是一个卧病在床行将就木的老人，即便有欢乐，也是痛苦的土壤中结出的花朵。这个时候，她何曾不苦？结了婚成了亲，孟小冬享受到的不是新婚宴尔的温馨、甜蜜爱情的缠绵，而是去听新郎临终时候的嘱咐，去看新郎被病魔折磨的痛苦表情。这个时候，她何曾不苦？

杜月笙死前遭受了极大的痛苦，可以说是痛不欲生。据长女杜美如说，那几天，他父亲发着高烧，嘴唇烧得发紫，好几次昏迷过去，严重时几乎没有呼吸。8月14日下午，昏迷中的杜月笙又一次醒过来，似乎想要说什么。陪护在一旁的姚玉兰、孟小冬急忙近身询问，可他说不出话来，泪水直流。

孟小冬拿出手帕，帮他抹掉眼泪，说："月笙，你放心好了！"

似乎，杜月笙还有什么事放心不下。因为他死去活来好几次，就是落不了那口气。8月15日，杜月笙去世的前一天，一个消息传到了坚尼地台的杜公馆：洪兰友会从台北赶来，代表"总统"前来慰问他。当时，洪兰友担任国民大会秘书长，可以直接面见蒋介石，是1949年后蒋杜之间的传话人。

8月16日下午，带着蒋介石的话，洪兰友赶到杜公馆，站在了杜月笙的面前。这个时候的杜月笙双目紧闭，似乎已经垮了。为了完成自己的使命，洪兰友还是凑到他的耳旁，大声说："杜先生，我是洪兰友，老先生问你好，希望你好好养病，早点来台湾。"

旁边的人以为杜月笙已经深度昏迷，听不到洪兰友说什么了。没想到，杜月笙竟然睁开了眼睛，说："好，好，好——"

见他有了反应，洪兰友继续说道："杜先生，你好好养病，老先生说你有希望。"

杜月笙颤巍巍地蠕动着他的手，和洪兰友的手相握，并清晰地说出了他在世的最后一句话："我没希望了，你们都有希望，中国会有希望！"最后一个"望"字说完，杜月笙连嘴都没来得及闭上，就撒手人寰了。

站在一旁的钱新之情不自禁地一声长叹，泪如雨下，喃喃自语地说："大家都有希望，大家都有希望，天啊，就他没有希望了！"

有资料提出，是蒋介石的话在杜月笙临终前到达，还是杜月笙听了蒋介石的话才肯离去？如果不是当事者，这是一个问题，难以得出答案。不过，就杜月笙和蒋介石的关系而言，答案应该更偏向于后者。从1925年开始，他就忠实地追随蒋介石，为他，为他领导的国民政府竭忠尽智，做了不少事情。对于蒋介石的要求，杜月笙基本上是不打折扣地接受并去落实。在杜月笙办杜祠庆典的时候，他把蒋介石题赠的"孝恩不匮"贺词匾额，作为整个仪式队的压轴戏；在杜月笙办六十岁大寿庆典的时候，他把蒋介石题赠的"嘉乐延年"寿匾悬挂在寿堂的正中间。正因为如此，抗战结束后，他希望自己会有一个好的政治归宿。可是，蒋介石不但没给予他很好的政治待遇，还把他作为打击对象频频打压。所以，他还是希望蒋介石对他的看法有所改变。现在，他的想法已经满足，这口气终于可以落下。

三天后，蒋介石派人送来了四个字：义节聿昭（义气和品节应该书写出来昭示天下）。这四个字虽然来得有点晚，但是，蒋介石最终还是高度肯定了杜月笙的一生。如果泉下有知，杜月笙肯定会感面子很足，可以瞑目了。

云烟化过往

孟小冬的苦，并没有随着杜月笙的辞世而结束，还将继续陪伴着她，直到她闭上双眸的那一刻。坚尼地台杜公馆本是杜月笙的门生给他租的，他一死，杜家人纷纷离去，各奔东西。孟小冬呢，也搬出坚尼地台 18 号，迁居使馆大厦。

孟小冬、姚玉兰，这对结拜姐妹，杜月笙的五夫人、四夫人，也因为杜月笙的死渐渐疏远，不再同住一个屋檐下，各过各的生活。1952年 10 月 25 日，在香港存放了一年多的杜月笙灵柩，因为陆京士、洪兰友等人的奔走，终于移到台北市南京东路极乐殡仪馆。又差不多等了一年，才于次年的 6 月 28 日举行安葬仪式，把他葬在秀峰国小的后山。据资料记载，安葬仪式的场面搞得很大，还专门成立了安厝委员会，其成员都是显赫之辈。

可是，这一切，依然与孟小冬没有关联。因宋美龄的邀请，姚玉兰于 1952 年 10 月去台北定居。杜月笙的子女有的在美国，有的在上海，有的在香港，都自顾不暇，哪有时间和精力顾这个名义上的"妈咪"？如此一来，孟小冬就成了真正意义上的孤家寡人了。"烦忙不会死人，冷寂才会死人。"这句话是杜月笙生前的担忧，如今，在她的身上开始应验。

作为五夫人，孟小冬分到了杜月笙的两万三千美金的遗产。有资料说，当孟小冬听到只能分到两万美金的时候，她说："这怎么够……"杜家人发牢骚了，说："美不死你！要不是老头子帮忙，举行过什么结婚仪式！丫头或女朋友，两千也甭想！"

这是实在话，没有这个仪式，孟小冬就与杜家没什么关联，也就分不到那两万三千美金了。可是，如果拿这个说事，讲孟小冬搞这个结婚仪式就是为了分杜月笙的遗产，未免太幼稚了。

盖棺论定，不从政治上去谈杜月笙，不从品质好坏上去谈杜月笙，只从对待孟小冬这事上去谈杜月笙，我们不得不竖起大拇指，为他点赞！喜欢一个女人，总得动动心思，让她高兴，让她快乐，让她幸福。

从认识孟小冬开始，杜月笙就以他的方式去让她高兴，让她快乐，让她幸福。曾经，病重的他和法学家吕光谈人生感悟，突然说道："我活了六十多年，对于男女之间的事体，向来只知道一个欢喜，根本不懂什么叫爱。现在我说出来你不要笑话我，直到抗战胜利的这几年，我才懂得爱和欢喜之间，距离大着哩。"

对他的这种体悟，吕光很是惊讶，于是追问他为什么这样想。

杜月笙解释说："我前后讨了五个老婆，我讨进来的当然都是我欢喜的人。我待她们，一律平等，个个我都和她们结了婚，所以我绝对不允许有什么大老婆小老婆之分，五个老婆大家统统一样。"

就男女关系而言，喜欢应该是感性而浅层次的，而爱应该是理性的深层次的。喜欢一个人容易，但要相爱却不容易。因为爱，需要心心相印彼此付出，痛苦着对方的痛苦，幸福着对方的幸福。多少婚姻，因为只有感性的喜欢，一有外部因素的干扰，就分崩离析作鸟兽散；也有多少婚姻，因为有理性的相爱，即便有外部因素的影响，甚至是严重破坏，也无法阻止无法拆散。

"等你长发及腰，能否嫁给我？"如果最初的相见，杜月笙还停留在欢喜孟小冬的层面，那么，经过三十年等待之后的结合，就是那种"执子之手，与子偕老"的忠诚爱情了。

杜月笙去世后，孟小冬再也没有登上过舞台，即便是清唱也不愿意。有的时候兴致来了，她也自娱自乐地清唱一曲，但也紧闭门窗不许别人偷听。庆幸的是，机缘巧合，在香港时她还是先后收了钱培荣、赵培鑫、严许颂辉等弟子，没把她的一身绝艺带入黄泉。其中，严许颂辉是冬皇在香港最为得意的女弟子，她天资聪颖，悟性高。她的嗓音甜润，高低宽细，恰如其分。如果闭着眼睛听，唱腔很像冬皇，唱功颇有孟味。心情好的时候，冬皇会亲自教授她身段，曾经手把手地教过她《搜孤救孤》一剧。学成后，严许颂辉屡屡登台表演，反响很好。

孟小冬教徒弟要求很严格，和她的老师余叔岩差不多。比如说，凡是经她教授过的弟子，没有经过她的同意，不得在外面随意吊嗓子，更不用说在外面随意登台演唱了。有人说，冬皇太过保守，思想不能跟着时代的进步而进步。当然，也有人说，这是冬皇忠于艺术的明证，京剧作为国粹，万万不可随便对待，更不可亵渎。

1956 年，梅兰芳率团去日本演出。过境香港时，他曾在马少波的陪同下，探望过寡居的孟小冬。当然，梅兰芳的主要目的不是为了述说旧情，而是奉周总理的指示，劝小冬回大陆定居，光大国粹。两人会谈时间很短，二十分钟后，孟小冬就出来，眼里汪着泪水。举手长劳劳，两情同依依，便纵有千言万语，这个时候又能说些什么呢？梅兰芳的这次劝说没有把小冬劝回大陆，却把跟随她近二十年的琴师王瑞芝劝了回去。自然，小冬身旁的朋友更少，更显孤单。

五年后，梅兰芳因病在北京辞世，一代表演艺术家走完了他的完美人生路。得知消息，远在香港的孟小冬还是抑制不住情感，默默垂泪。这个撩拨我少女情怀的美男子，这个毁掉我爱情理想的坏男人，就这么走了！是你让我初尝爱情的甜蜜，是你开始了我的悲剧人生，现在，你走了，我还该恨你吗？她细细咀嚼着这个问题，想有个答案。

"只是一切都过去了！"呢喃完这句话，孟小冬慢慢平静下来，请人做了一块刻有梅兰芳名字的牌位，把它和杜月笙的牌位并排放置在神龛上。然后，她烧上三炷香，恭恭敬敬地祷告了一番。

当往事化为云烟，一般人会说"一切都过去了"，但孟小冬却说"只是一切都过去了"。这两句话隐含的意思一样吗？似乎一样，其实不一样。如果孟小冬说"一切都过去了"，人们感受到的似乎是她对过去了的人和事已经能够从容面对；如果孟小冬说"只是一切都过去了"，人们感受到的似乎不是她对过去了的人和事已经从容和淡定，而是在内心深处依然透着那种欲说还休的伤感和隐痛。

已全部落幕

拒绝登台演出，没有固定工作，又没人帮衬，孟小冬在港的生活是很艰苦的。其实，她还是有赚钱的机会的。比如说，她协助孙养龙编写《谈余叔岩》一书。这书出版后，成为畅销书，一版再版，据说赚了几十万稿费。可是，孟小冬没要一分钱，而是全给了孙养龙，因为当时的孙养龙已经家道中落，急需钱养家糊口。

除了这次，孟小冬还有一次赚钱的机会，而且是赚大钱的机会。那是1963年春，大陆方面和香港方面合作，邀请孟小冬去大陆观光、表演，并建议她灌录十张唱片，更希望她能将她的代表作《搜孤救孤》《空城计》和《捉放曹》等拍成彩色电影，流传后世，并告诉她，如若成行将奉赠一百万港币作为报酬。

考虑再三，孟小冬作出如下答复：感谢大陆方面的盛情邀请，因体弱多病，她暂时不能赴大陆演戏或观光；她的老师余叔岩已经有十八张半唱片遗留下来，再由她录制唱片，会有许多重复，没有必要；她表示对拍摄电影感兴趣，认为这是提倡国剧的精神，是有一定意义的。

很快，大陆方面、香港方面和孟小冬商定，先拍《空城计》。拍电影的事，只要孟小冬积极配合，还是可以成行的。可是，她提出"场面及配角人员要在拍摄影片前半年，来香港先行排练，完成准备工作"。

这个要求，难住了大陆方面，因为既要时间更要经费，一时半会难以达成协议。因为孟小冬不愿让步，拍电影的事最后就不了了之。

由此可见，孟小冬对于名利是不很看重的。名利不看重，可生活还是要继续。有熟人见她生活困难，就建议她拿出些积蓄做生意，赚点钱。灌唱片、拍电影赚大钱，孟小冬都不愿意，怎会愿意去做生意？后来，她听说这个熟人又要去台湾，准备找姚玉兰，要她投资。孟小冬急了，忙打电话给姚玉兰，要她提高警惕，以免受骗上当。

这个时候，姚玉兰和孟小冬已经整整十五年没有来往了。接到这个电话，姚玉兰很是感动，觉得这个结拜妹妹和她还是有感情的。于是，她多次去电话，极力劝说孟小冬去台北定居，和她一起安度晚年。

思量再三，孟小冬终于接受邀请，于1967年9月11日搭乘轮船离开香港，赶赴台北。到台北后，她在台北信义路租了一处房子，单独住了下来。因为她的名气太大，加上恒社弟子众多，所以慕名而去探望的人不少。这些人中，有采访的记者，有请求演出的人士，有梨园的同行，还有杜月笙那边的亲戚朋友。对于这些，她都客气接待，委婉拒绝。

当然，前去拜访的人中，还有许多慕名前去请教学艺的，甚至请求拜师学艺的。对于请教学艺的，冬皇还是给予热情指导，认真为其讲戏。但对于那些要拜师学艺的，她就有些心有余而力不足，不愿担当这样的责任。一则因为她个性孤傲，二则因为她的身体不好。由于遭受严重的精神打击，还由于常年抽鸦片，中晚年的孟小冬身体一直不好。拿她自己的话，就是"十年台北多病中"。从这个方面而言，人们还是应该体谅她不愿收徒、培养衣钵传人的苦衷。

到台北后的孟小冬，她的生活应该有很大的改变。一是受到众多恒社门人和仰慕者的照顾，二是受到姚玉兰母女（杜美霞）的照顾。特别是姚玉兰母女，一年三百六十五天，基本上是每天都去孟小冬的住处，坐上一坐，陪她聊聊天，陪她散散步。

到了之后，姚玉兰总是坐在那里，笑眯眯的。孟小冬常对人说："真奇怪，她来这儿一坐，我就觉得很定心，她要是有一天不来，我就不知道这日子怎么过了。"这番话表明，从姚玉兰那里，孟小冬感受到了亲人般的温暖。

如此说来，这段时期的孟小冬，她的情绪、精神应该不错，常在住处和亲朋好友搓搓麻将、聊聊家常，但演唱是不会有的，即便是清唱。据杜维善（杜月笙之子）说："孟小冬性格比较孤傲，晚年在香港、台湾的时候，她始终不唱，连清唱也不唱。最后一次清唱是在香港给张大千先生唱的，因为张大千喜欢听她的戏，这是面子很大的事情。"

后来，张大千先生投桃报李，特别用心地专门地为冬皇画了幅"六条通景大荷花图"。画好之后，他特意打电话问冬皇："画已经画好，上款拟题令辉夫人好不好？"

孟小冬说："不必不必，请题我的艺名小冬即拜谢了！"张大千欣然从命，于是在所绘的画上题写"小冬大家嘱写"。画作完成后，张大千先生将其带去日本，花大价钱精工装裱，还定做了一个大匣子。送画的那天，张大千先生让人转告孟小冬，说这画是他心情最好的时候画的。据说，这幅画后来拍卖，成交价高达一百八十万新台币。

若是杜月笙没有离世，还健健康康地活着，于孟小冬来说，这是多么幸福的事啊。只可惜，世界上的任何事情都不能假设，发生了就成了既定事实，不能改变。

庆幸的是，在台北，有待她如亲娘般的杜美霞（杜月笙的第二个女儿），有待她如亲妹妹般的姚玉兰，有仰慕她的梨园子弟，有看重她艺术才华的社会名流……因此，她感受到了亲情、友情的温暖。"多大的繁华都是虚空！"人到晚年，还有什么比这更好呢？

弹指一挥间，孟小冬在台北度过了十年。1976年阴历十一月十六，是她的六十九岁生日。按照庆九不庆十的传统习俗，这个生日就相当于七十岁的生日。于是，她的港台弟子和在台的亲朋好友，早就为她张罗，准备好好为她庆寿。

这次庆寿，孟小冬确实很高兴，是笑着度过的。可是，因为多日的劳累，寿诞一过，她就病倒。原以为只要修养一段时间病就会好，没想到这病偏与她作对，一直拖到年底，还是没好。

大年初一那天，姚玉兰过来看望她，见她病怏怏的没有精神，便劝她去医院看看。大年初一就去看病，心生忌讳的孟小冬怎会愿意？因为心头闹别扭，她居然对姚玉兰说："我劝你应该早点立一张遗嘱。"

冷不丁听到这样的话，姚玉兰很是诧异，反问道："你怎么不立一张呢？"

孟小冬说："我和你不同，你有钱，有子女，我是钱和子女都没有，所以不用立遗嘱。"

新年的第一天，两个老太太讨论的话题竟然是立遗嘱，想起来总觉怪怪的，不是滋味。杜月笙辞世的时候，也有过不好的征兆，难道，这也是冬皇不久于人世的征兆？

似乎，孟小冬感知到了。4月份的时候，病情越来越重的她把杜月笙的大弟子陆京士请到家中，委托他代为物色墓地。杜月笙临终的时候，也是把陆京士召来，委托他办理后事。

1977年5月26日，孟小冬溘然长逝，享年七十岁。她的墓碑上，是张大千先生的题字：杜母孟太夫人之墓。这是一代冬皇最后的身份认定，属于她的爱恨情仇至此全部落幕！

再说杜孟恋

有人说，作为一名演员，孟小冬无疑是成功者，而作为一个女人，她却是失败者。

确实，一个色艺双绝的时代坤伶，一个倔强聪颖的美丽姑娘，最终逃不过薄命的定数，两度为妾，委屈半生，在寂寥中度过最后的岁月。这样的女人，能不说是失败的女人吗？但转而一想，在那样的时代，她还能有别样人生？

唱戏，在当时还被称为下九流的行当。即便是下九流的行当，竞争也非常激烈，伶人难以生存。如果不是孟小冬另辟蹊径，改唱须生，只怕她充其量也只是京剧舞台上的一个好角，绝对成不了名动一时的梨园冬皇。

即便是梨园冬皇了，她又能怎样？在男人的世界里，孟小冬依然是附属物，主宰不了自己的命运。如果孟小冬活在当下，如果她是名动一时的歌坛皇后，那么，她想办巡回演出就办巡回演出，她想搞个人演唱会就搞个人演唱会，绝对是名利双收。可在那个时候，她有这个本事，却没这个机会。

因为，孟小冬的每次演唱，得依附于那些达官贵人的堂会，得依附于那些地方势力的戏院戏馆。没了这些，她就只能在家里吊一嗓子，清唱清唱罢了。好在那个时代是京剧繁荣的时代，达官贵人们好这一口，地方老板也想靠她们去赚钱。所以，她才能有机会登台演出，反串唱须生。

孟小冬知道这种依附性，所以她愿意放弃事业，相夫教子，努力去做一个传统意义上的成功女人。可是，梅兰芳没给她这个机会。或者说，当时的社会没给她这个机会。"明媒正娶，名定兼祧。"在当时，她嫁给梅兰芳是合理合法的，没有什么不正常。所以，她认定自己会享受到甜蜜的婚姻生活。

确实，孟小冬享受到了。但是，这种享受并不光明正大，并不快快乐乐。凭什么，婚后的她就不能再抛头露面？凭什么，婚后的她就不能再登台演出了？男人的世界就是如此，容不得女人有半点自由。一切都在约定俗成中进行。于是，一个性情本是温厚的美男子，在这种世俗观念下，也变得冷酷无情起来。

既然合理合法，为什么不能把婚姻大白于天下？如果大白于天下了，孟小冬出现在舞台上，又何来李志刚的误会，何来冯宅血案？如果没有冯宅血案，孟小冬，福芝芳，她们两个怎么会闹到水火不容的地步？这样的话，梅孟的婚姻悲剧就不会出现。

人生若只如初见，如果孟小冬和梅兰芳只止步于初见时的美好与淡然，也就没了以后的埋怨和仇恨，那该多好啊！这是人们的一种美好假定，似乎结果会如此，其实不然。没了梅兰芳，孟小冬的生活里，还是会出现李兰芳或者陈兰芳……

像孟小冬那样漂亮的女人当时肯定很多，像孟小冬那样既漂亮又是梨园冬皇的当时肯定是唯一。梅兰芳最喜欢的，是唯一的孟小冬。可是，把她迎娶后，他又只愿她成为众多漂亮女人当中的一个。梅兰芳这么想也这么做，李兰芳或者陈兰芳迎娶孟小冬后，也会这么想这么做。

所以，作为伶人身份的孟小冬，作为须生之皇的孟小冬，要想做传统意义上的成功女人，在那样的时代，谈何容易啊。孟小冬应该深知这一点，所以，婚变之后的她并没有急着把自己嫁出去。与其说她的心被伤透了，还不如说她已经看透了。

金童玉女，往往停留在感官上的相互吸引；英雄美女，更多的是心灵上的惺惺相惜。梅兰芳和孟小冬的结合，属于前者，所以不长久；杜月笙与孟小冬的相遇，属于后者，所以弥久生香。

很多人纠缠于杜月笙是黑帮老大，认为孟小冬和他来往有损名伶气节；很多人纠缠于杜月笙已经有四房太太，孟小冬嫁给他也是做妾而已，算不得幸福。

上海滩，十里洋场，说得好听一点是花花世界，说得难听一点就是一大染缸。它的存在，本是时代的怪胎。赤贫一个的杜月笙，硬是靠自己的双手，搏杀出一块天地。他的发迹，免不了有邪气恶气霸气，甚至有杀戮。但是他也有另一面，在民族大义上他一点也不含糊，没有一丝一毫的退让。

在孟小冬看来，杜月笙这个横扫上海滩数十年的黑道大亨，有着舞台上她扮演的英雄好汉所具有的戏剧元素。反过来，作为铁杆戏迷，杜月笙是非常欣赏舞台上的梨园冬皇，也非常尊重生活中的孟小冬。从认识孟小冬的那一天开始，杜月笙为她所做的每一件事，哪一件不透着关切？在她面前，杜月笙不是黑道大哥，不是上海皇帝，更不是一个流氓形象，而是一个可以依靠的大树，一个可以歇息的港湾。在她人生跌入最低谷的时候，他及时出现，拉她一把；在她最需要帮助的时候，他克服重重困难，助她一臂之力。"宁愿用这一生等你发现，我一直在你身边，从未走远"。从认识她的那一年，到她成为他夫人的那一年，期间整整三十年。试问，世人津津乐道的爱情，也不过如此吧？

皇帝与妃子之间有没有爱情？当然有！读历史传记，看文学作品，似乎很少写这个事情的。即便写，也只是当作这些帝王生活的点缀去写，而不是浓墨重彩地去抒写，甚至去歌颂。在这个方面，白居易作了很好的尝试。在他的名篇《长恨歌》中，有对唐玄宗重色误国的批判，有对李杨爱情的大加歌颂。然而，随着时间的推移，随着时代的变迁，更多的读者倾向于淡化前一主题，更接受歌颂李杨缠绵爱情这一主题。

也就是说，皇帝拥有爱情，小人物也可以拥有爱情，正派人物拥有爱情，邪派人物也可以拥有爱情，每个人都有拥有爱情的平等权利。我们不能因为他是皇帝，或者他是流氓，就去否认他的爱情。

在给予孟小冬爱的同时，杜月笙是有四个太太了。可是，不能因为这个就去怀疑他对孟小冬的爱，或者去否认孟小冬没有得到真爱。正室，侧室，妻子，小妾，这些都是传统观念上的词眼，只是女人在夫君家庭中的身份代名词，而不是爱情的代名词。

关于张爱玲，很多人认为她晚景比较凄凉。持这种认识的人，一般是源于她晚年一直离群索居。离群索居，就是晚景凄凉？这种认识，恐怕比较武断。要知道，这种生活方式是张爱玲自己选择的、自己喜欢的方式。晚年的她，懒得见任何人，甚至不接电话。别人给她写信，她也许要几年之后才拆开来看看。出版社的人和她联系出版，也只能给她公寓隔壁的杂货店发传真，她去买东西的时候才顺便看看传真。

凭她的影响，凭她的经济条件，她若不想晚景凄凉，她的家可以变得比任何老太太的家还要热闹。但她没有，因为她不习惯过这样的生活。同样，无论孟小冬过怎样的生活，晚年如何沉寂，这都是她自己的选择。既然是自己的选择，就有她选择的理由。你认为她很幸福，她却在低头哭泣；你认为她很痛苦，她却在对你微笑。或许，孟小冬与杜月笙一起走过的人生旅途，就是这样的呈现。

有人说，写梅兰芳可以略去孟小冬，写杜月笙可以没有孟小冬。我认可前半句，因为相对于完美男人梅大师的完美人生，添上孟小冬的确是不怎么完美的一笔。

但我不认可后半句，因为杜月笙的大半人生里有孟小冬的身影，尤其是他的情感世界，孟小冬占据了及其重要的位置。与此同时，在孟小冬的戏曲人生里，一直渗透有杜月笙的心血。因为，他懂她的戏，更懂她的人生。如果没有虞姬，力拔山兮气盖世的项羽，充其量是个呆霸王。

正是因为有了虞姬，千百年来，后人看到的项羽，是一个顶天立地有情有义的英雄好汉。

可以断言，撇开孟小冬去写杜月笙，这个杜月笙绝对不是一个血肉丰满的人物。气冲斗牛，儿女情长，这才是真实的杜月笙。